# 일본어 한자 기초 1006자

정현혁 저

제이앤씨
Publishing Company

## 머리말

    본 교재는 일본에서 학습하는 한자 중에 가장 기초한자인 교육한자 1006자를 다룬 것이다. 일본에서 교육한자라고 하면 초등학교 1학년부터 6학년까지 필수적으로 배워야 하는 한자로 일본의 국어교육에서 반드시 쓰고 그 음과 훈을 읽을 수 있도록 한 것이다. 일본의 교육한자인 1006자는 1학년 80자, 2학년 160자, 3학년 200자, 4학년 200자, 5학년 185자. 6학년 181자로 구성되어 있다.

    본 교재는 이 교육한자를 일단 학년별로 나눈 가운데 그 한자의 음에 따라 あいうえお 순으로 배열하여 제시하고, 한 과는 학습자의 부담을 덜어주기 위하여 5개의 클립으로 나누어 구성하였다. 특히 교육한자는 반드시 쓸 줄 알아야 하는 한자이므로 이 교재에서는 모든 한자의 쓰는 순서를 구체적으로 제시하여 쓰는 연습을 철저히 하도록 하였다. 한자의 읽는 부분은 일본의 상용한자 음·훈표에서 지정한 음과 훈을 제시하여 외울 수 있도록 하였으며 여기에 제시된 음과 훈이 들어간 단어 형태도 제시하여 학습에 도움을 꾀하였다. 쓰기연습을 위하여 제시한 한자는 한국인 학습자를 위하여 그 한자에 해당하는 한국어의 뜻과 음, 총획수, 부수, 구자체를 제공하여 한국의 한자 학습에도 도움이 되도록 하였다. 각 클립의 마지막에는 평가하기를 두어 학습한 한자를 어떻게 읽는지를 최종적으로 점검할 수 있도록 구성하였다. 특히 본 교재는 일본어를 배움에 있어서 한자학습에 어려움을 느끼는 학습자들에게 가장 필요한 정보만을 간략하게 제시하여 학습자의 부담을 줄이려고 노력하였다.

    본 교재가 저자의 의도대로 사용되어 일본어에 있어서의 한자학습에 크게 기여하기를 바란다. 끝으로 이 교재가 출판되기까지 많은 배려와 노고를 아끼지 않으신 도서출판 제이앤씨 윤석현 사장님께 이 자리를 빌어 감사의 말씀을 드린다.

2018년 3월<br>
이문동 연구실에서

# 차 례

# Clip 01
# 초등학교 1학년 교육한자

학습내용

▍초등학교 1학년 교육한자 16자의 音, 訓 학습

▍해당한자와 관련된 단어학습과 쓰기연습

一 右 雨 円 王 音 下 火 花 貝 学 気 九 休 玉 金

학습목표

▍초등학교 1학년 교육한자 16자의 音, 訓을 학습하여 이해할 수 있다.

▍해당한자와 관련된 단어학습과 쓰기연습을 통해 일본에서의 실생활에 활용할 수 있다.

| 一 | 右 | 雨 | 円 |
|---|---|---|---|
| 음:イチ, イツ, イッ | 음:ウ, ユウ | 음:ウ | 음:エン |
| 훈:ひと, ひとつ | 훈:みぎ | 훈:あめ, あま | 훈:まるい |
| 一度(イチド 한 번)<br>同一(ドウイツ 동일)<br>一般(イッパン 일반)<br>一息(ひといき 단숨, 한숨 돌림)<br>一つ(ひとつ 하나, 한 개) | 右折(ウセツ 우회전)<br>左右(サユウ 좌우)<br>右(みぎ 오른쪽) | 雨量(ウリョウ 우량, 강수량)<br>雨(あめ 비)<br>雨雲(あまぐも 먹구름) | 円形(エンケイ 원형)<br>円い(まるい 둥글다) |

| | | | | | | | |
|---|---|---|---|---|---|---|---|
| 一<br>**한 일**<br>획수:1획<br>부수:一<br>(제부수) | 一 | | | | 一 | 一 | 一 |
| | 一 | 一 | 一 | | | | |

| | | | | | | | |
|---|---|---|---|---|---|---|---|
| 右<br>**오른 우**<br>획수:5획<br>부수:口 | ノ ナ ナ オ 右 右 | | | | | | |
| | 右 | 右 | 右 | 右 | 右 | 右 | |

| | | | | | | | |
|---|---|---|---|---|---|---|---|
| 雨<br>**비 우**<br>획수:8획<br>부수:雨<br>(제부수) | 一 ㄷ 币 币 币 雨 雨 雨 | | | | | | |
| | 雨 | 雨 | 雨 | 雨 | 雨 | 雨 | |

| | | | | | | | |
|---|---|---|---|---|---|---|---|
| 円<br>**둥글 원**<br>획수:4획<br>부수:冂 | 丨 冂 冂 円 | | | | | | 圓 |
| | 円 | 円 | 円 | 円 | 円 | 円 | |

| 王 | 音 | 下 | 火 |
|---|---|---|---|
| 음:オウ | 음:オン, イン | 음:カ, ゲ | 음:カ |
| 훈: | 훈:おと, ね | 훈:した, しも, もと, さげる, さがる, くだる くだす, くださる, おろす, おりる | 훈:ひ, ほ |
| 王子(オウジ 왕자) | 音楽(オンガク 음악)<br>福音(フクイン 복음)<br>物音(ものおと 소리)<br>音色(ねいろ 음색) | 下降(カコウ 하강), 上下(ジョウゲ 상하) 下(した 아래), 川下(かわしも 하류), 足下(あしもと 발 밑), 下げる(さげる 내리다), 下がる(さがる 내려가다), 下る(くだる 내려가다), 下す(くだす 내리다), 下さる(くださる 주시다), 下ろす(おろす 내려뜨리다), 下りる(おりる 내려오다) | 火災(カサイ 화재)<br>火(ひ 불)<br>火影(ほかげ 불빛, 등영) |

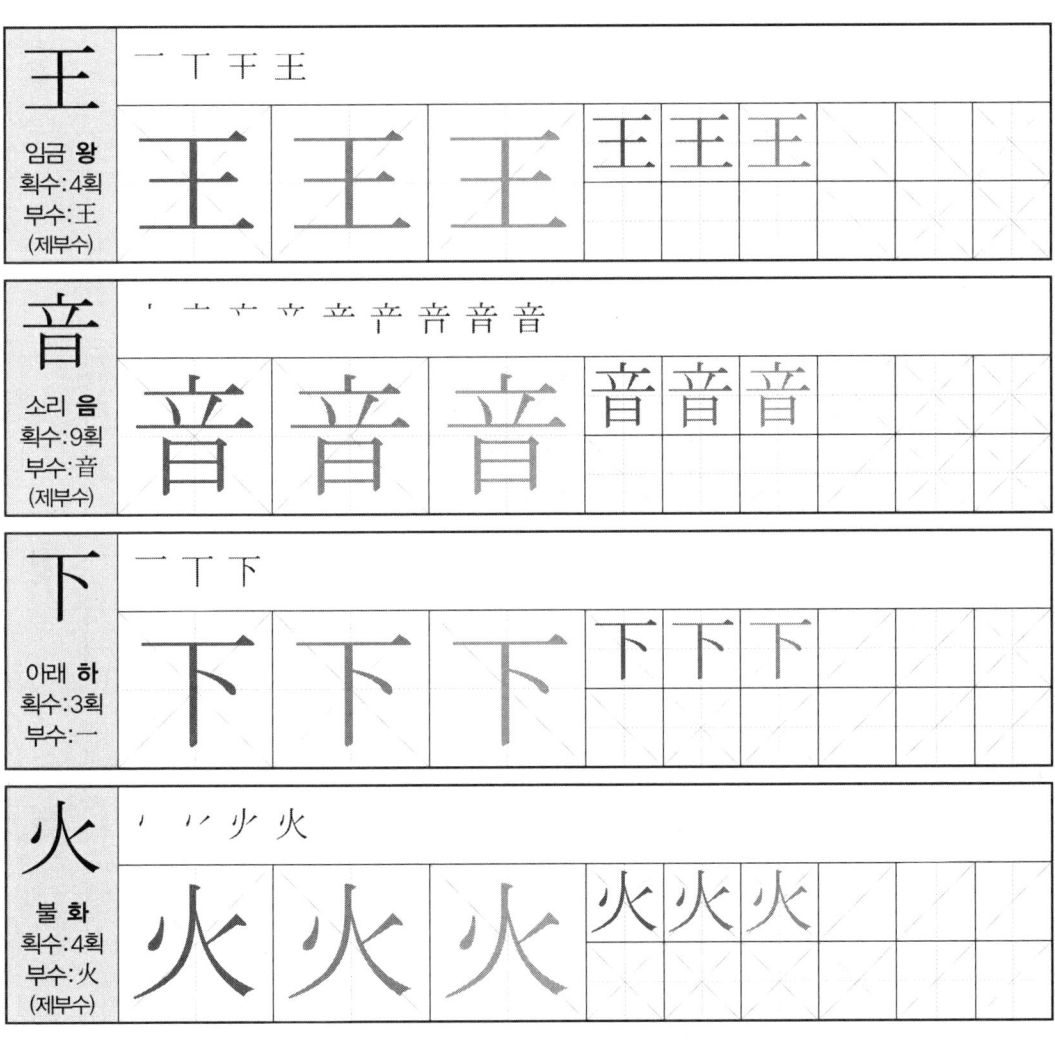

| 王 | 一 丁 干 王 |
|---|---|
| 임금 **왕**<br>획수:4획<br>부수:王<br>(제부수) | 王　王　王　王 王 王 |

| 音 | 丶 亠 亠 立 产 产 咅 音 音 |
|---|---|
| 소리 **음**<br>획수:9획<br>부수:音<br>(제부수) | 音　音　音　音 音 音 |

| 下 | 一 丅 下 |
|---|---|
| 아래 **하**<br>획수:3획<br>부수:一 | 下　下　下　下 下 下 |

| 火 | 丶 丷 少 火 |
|---|---|
| 불 **화**<br>획수:4획<br>부수:火<br>(제부수) | 火　火　火　火 火 火 |

| 花 | 貝 | 学 | 気 |
|---|---|---|---|
| 음:カ | 음: | 음:ガク | 음:キ, ケ |
| 훈:はな | 훈:かい | 훈:まなぶ | 훈: |
| 花壇(カダン 화단)<br>花火(はなび 불꽃놀이) | 貝(かい 조개) | 学習(ガクシュウ 학습)<br>学ぶ(まなぶ 배우다) | 気体(キタイ 기체)<br>気配(ケハイ 기색) |

**花**
꽃 **화**
획수:7획
부수:艹

一 十 艹 艹 花 花 花　　　　　　　　花

花 花 花　花花花

**貝**
조개 **패**
획수:7획
부수:貝
(제부수)

丨 冂 冂 月 目 貝 貝

貝 貝 貝　貝貝貝

**学**
배울 **학**
획수:8획
부수:子

丶 丷 丷 丷 学 学 学 学　　　　　　　學

学 学 学　学学学

**気**
기운 **기**
획수:6획
부수:气

丿 ケ 气 気 気 気　　　　　　　　氣

気 気 気　気気気

| 九 | 休 | 玉 | 金 |
|---|---|---|---|
| 음:キュウ, ク | キュウ | 음:ギョク | 음:キン, コン |
| 훈:ここの, ここのつ | やすむ, やすまる, やすめる | 훈:たま | 훈:かね, かな |
| 九百(キュウヒャク 구백)<br>九月(クガツ 구월)<br>九日(ここのか 구일)<br>九つ(ここのつ 아홉 개) | 休学(キュウガク 휴학)<br>休む(やすむ 쉬다)<br>休まる(やすまる 편안해지다)<br>休める(やすめる 쉬게 하다) | 玉石(ギョクセキ 옥석)<br>玉(たま 구슬) | 金属(キンゾク 금속),<br>金剛石(コンゴウセキ 금강석)<br>黄金(オウゴン 황금)<br>金(かね 돈)<br>金物(かなもの 철물) |

| 九<br><br>아홉 구<br>획수:2획<br>부수:乙 | ノ 九<br>九 九 九 九 九 九 |
|---|---|

| 休<br><br>쉴 휴<br>획수:6획<br>부수:人 | ノ イ 仁 什 休 休<br>休 休 休 休 休 休 |
|---|---|

| 玉<br><br>구슬 옥<br>획수:5획<br>부수:玉<br>(제부수) | 一 丁 干 王 玉<br>玉 玉 玉 玉 玉 玉 |
|---|---|

| 金<br><br>쇠금, 성 김<br>획수:8획<br>부수:金<br>(제부수) | ノ 人 人 今 全 全 金 金<br>金 金 金 金 金 金 |
|---|---|

1. 一度 _____

2. 右折 _____

3. 雨量 _____

4. 円い _____

5. 王子 _____

6. 物音 _____

7. 上下 _____

8. 火災 _____

9. 花火 _____

10. 貝 _____

11. 学習 _____

12. 気体 _____

13. 九月 _____

14. 休む _____

15. 玉石 _____

16. 金属 _____

# Clip 02
# 초등학교 1학년 교육한자

**학습내용**

▋ 초등학교 1학년 교육한자 16자의 音, 訓 학습
▋ 해당한자와 관련된 단어학습과 쓰기연습

空 月 犬 見 五 口 校 左 三 山 子 四 糸 字 耳 七

**학습목표**

▋ 초등학교 1학년 교육한자 16자의 音, 訓을 학습하여 이해할 수 있다.
▋ 해당한자와 관련된 단어학습과 쓰기연습을 통해 일본에서의 실생활에 활용할 수 있다.

| 空 | 月 | 犬 | 見 |
|---|---|---|---|
| 음:クウ | 음:ゲツ, ゲッ, ガツ | 음:ケン | 음:ケン |
| 훈:そら, から, あく, あける | 훈:つき | 훈:いぬ | 훈:みる, みえる, みせる |
| 空気(クウキ 공기)<br>空(そら 하늘)<br>空回り(からまわり 겉돎, 헛돎)<br>空く(あく 비다)<br>空ける(あける 공간 틈을 만들다) | 歳月(サイゲツ 세월)<br>月刊(ゲッカン 월간)<br>正月(ショウガツ 정월)<br>月(つき 달) | 番犬(バンケン 집 지키는 개)<br>犬(いぬ 개) | 見学(ケンガク 견학)<br>見る(みる 보다)<br>見える(みえる 보이다)<br>見せる(みせる 보여주다) |

| 空<br>하늘 공<br>획수:8획<br>부수:穴 | ' ' 宀 宀 宀 空 空 空 空 空 空 |
|---|---|

| 月<br>달 월<br>획수:4획<br>부수:月<br>(제부수) | ） 刀 月 月 月 月 月 月 月 月 |
|---|---|

| 犬<br>개 견<br>획수:4획<br>부수:犬<br>(제부수) | 一 ナ 大 犬 犬 犬 犬 犬 犬 犬 |
|---|---|

| 見<br>볼 견<br>획수:7획<br>부수: 見<br>(제부수) | 丨 冂 冂 冃 目 目 見 見 見 見 見 見 見 |
|---|---|

| 五 | 口 | 校 | 左 |
|---|---|---|---|
| 음:ゴ | 음:コウ, ク | 음:コウ | 음:サ |
| 훈:いつ, いつつ | 훈:くち | 훈: | 훈:ひだり |
| 五感(ゴカン 오감)<br>五日(いつか 오 일)<br>五つ(いつつ 다섯 개) | 人口(ジンコウ 인구)<br>口調(クチョウ 어조)<br>口(くち 입) | 校門(コウモン 교문) | 左折(サセツ 좌회전)<br>左(ひだり 왼쪽) |

| 五<br><br>다섯 **오**<br>획수:4획<br>부수:二 | 一 丁 五 五 | | | 五 五 五 | | | | |
|---|---|---|---|---|---|---|---|---|
| | 五 | 五 | 五 | | | | | |

| 口<br><br>입 **구**<br>획수:3획<br>부수:口<br>(제부수) | 丨 冂 口 | | | 口 口 口 | | | | |
|---|---|---|---|---|---|---|---|---|
| | 口 | 口 | 口 | | | | | |

| 校<br><br>학교 **교**<br>획수:10획<br>부수:木 | 一 十 才 木 杧 杧 栌 栌 栌 校 | | | 校 校 校 | | | | |
|---|---|---|---|---|---|---|---|---|
| | 校 | 校 | 校 | | | | | |

| 左<br><br>왼 **좌**<br>획수:5획<br>부수:エ | 一 ナ 广 产 左 | | | 左 左 左 | | | | |
|---|---|---|---|---|---|---|---|---|
| | 左 | 左 | 左 | | | | | |

| 三 | 山 | 子 | 四 |
|---|---|---|---|
| 음:サン | 음:サン, ザン | 음:シ, ス | 음:シ |
| 훈:み, みつ, みっつ | 훈:やま | 훈:こ | 훈:よ, よつ, よっつ, よん |
| 三流(サンリュウ 삼류)<br>三日月(みかづき 초승달)<br>三つ指(みつゆび 엄지, 검지, 중<br>지의 세 손가락을 짚고 공손히 절함)<br>三つ(みっつ 세 개) | 山地(サンチ 산지)<br>火山(カザン 화산)<br>山(やま 산) | 弟子(デシ 제자)<br>様子(ヨウス 모양, 상태)<br>子供(こども 어린이) | 四月(シガツ 사월)<br>四時(よじ 네 시)<br>四つ角(よつかど 네 모퉁이),<br>四つ(よっつ 네 개)<br>四回(よんかい 네 번) |

| | | | | | | | |
|---|---|---|---|---|---|---|---|
| 三<br><br>**석 삼**<br>획수:3획<br>부수:一 | 一 二 三 | | | | | | |
| | 三 | 三 | 三 | 三 | 三 | 三 | |

| | | | | | | | |
|---|---|---|---|---|---|---|---|
| 山<br><br>**뫼 산**<br>획수:3획<br>부수:山<br>(제부수) | 丨 山 山 | | | | | | |
| | 山 | 山 | 山 | 山 | 山 | 山 | |

| | | | | | | | |
|---|---|---|---|---|---|---|---|
| 子<br><br>**아들 자**<br>획수:3획<br>부수:子<br>(제부수) | 乛 了 子 | | | | | | |
| | 子 | 子 | 子 | 子 | 子 | 子 | |

| | | | | | | | |
|---|---|---|---|---|---|---|---|
| 四<br><br>**넉 사**<br>획수:5획<br>부수:口 | 丨 冂 冂 四 四 | | | | | | |
| | 四 | 四 | 四 | 四 | 四 | 四 | |

| 糸 | 字 | 耳 | 七 |
|---|---|---|---|
| 음:シ | 음:ジ | 음:ジ | 음:シチ |
| 훈:いと | 훈:あざ | 훈:みみ | 훈:なな, ななつ, なの |
| 製糸(セイシ 제사)<br>糸(いと 실) | 字幕(ジマク 자막)<br>字(あざ 町, 村보다 작은 행정구역) | 耳鼻科(ジビカ 이비인후과)<br>耳(みみ 귀) | 七月(シチガツ 칠월)<br>七(なな 일곱)<br>七つ(ななつ 일곱 개)<br>七日(なのか 칠 일) |

## 糸
실 **사**
획수:6획
부수:糸
(제부수)

` ⺈ 幺 糸 糸 糸　　　　　　絲

糸　糸　糸　糸 糸 糸

## 字
글자 **자**
획수:6획
부수:子

` ⼧ ⺳ 宀 字 字 字

字　字　字　字 字 字

## 耳
귀 **이**
획수:6획
부수:耳
(제부수)

一 ⊤ ⊤ F E 耳

耳　耳　耳　耳 耳 耳

## 七
일곱 **칠**
획수:2획
부수:一

一 七

七　七　七　七 七 七

1. 空気 _____
2. 正月 _____
3. 番犬 _____
4. 見学 _____
5. 五日 _____
6. 人口 _____
7. 校門 _____
8. 左折 _____
9. 三日月 _____
10. 火山 _____
11. 様子 _____
12. 四時 _____
13. 製糸 _____
14. 字幕 _____
15. 耳鼻科 _____
16. 七日 _____

# Clip 03
## 초등학교 1학년 교육한자

**학습내용**

▌ 초등학교 1학년 교육한자 16자의 音, 訓 학습
▌ 해당한자와 관련된 단어학습과 쓰기연습

車 手 十 出 女 小 上 森 人 水 正 生 青 夕 石 赤

**학습목표**

▌ 초등학교 1학년 교육한자 16자의 音, 訓을 학습하여 이해할 수 있다.
▌ 해당한자와 관련된 단어학습과 쓰기연습을 통해 일본에서의 실생활에 활용할 수 있다.

| 車 | 手 | 十 | 出 |
|---|---|---|---|
| 음:シャ | 음:シュ | 음:ジュウ, ジッ | 음:シュツ, シュッ, スイ |
| 훈:くるま | 훈:て, た | 훈:とお, と | 훈:でる, だす |
| 車道(シャドウ 차도)<br>車(くるま 차) | 手話(シュワ 수화)<br>手(て 손)<br>手綱(たづな 고삐) | 十五夜(ジュウゴヤ 십오야)<br>十進法(じっしんほう 십진법)<br>十(とお 열)<br>十日(とおか 십 일) | 出現(シュツゲン 출현)<br>出席(シュッセキ 출석)<br>出納(スイトウ 출납)<br>出る(でる 나가다)<br>出す(だす 내다) |

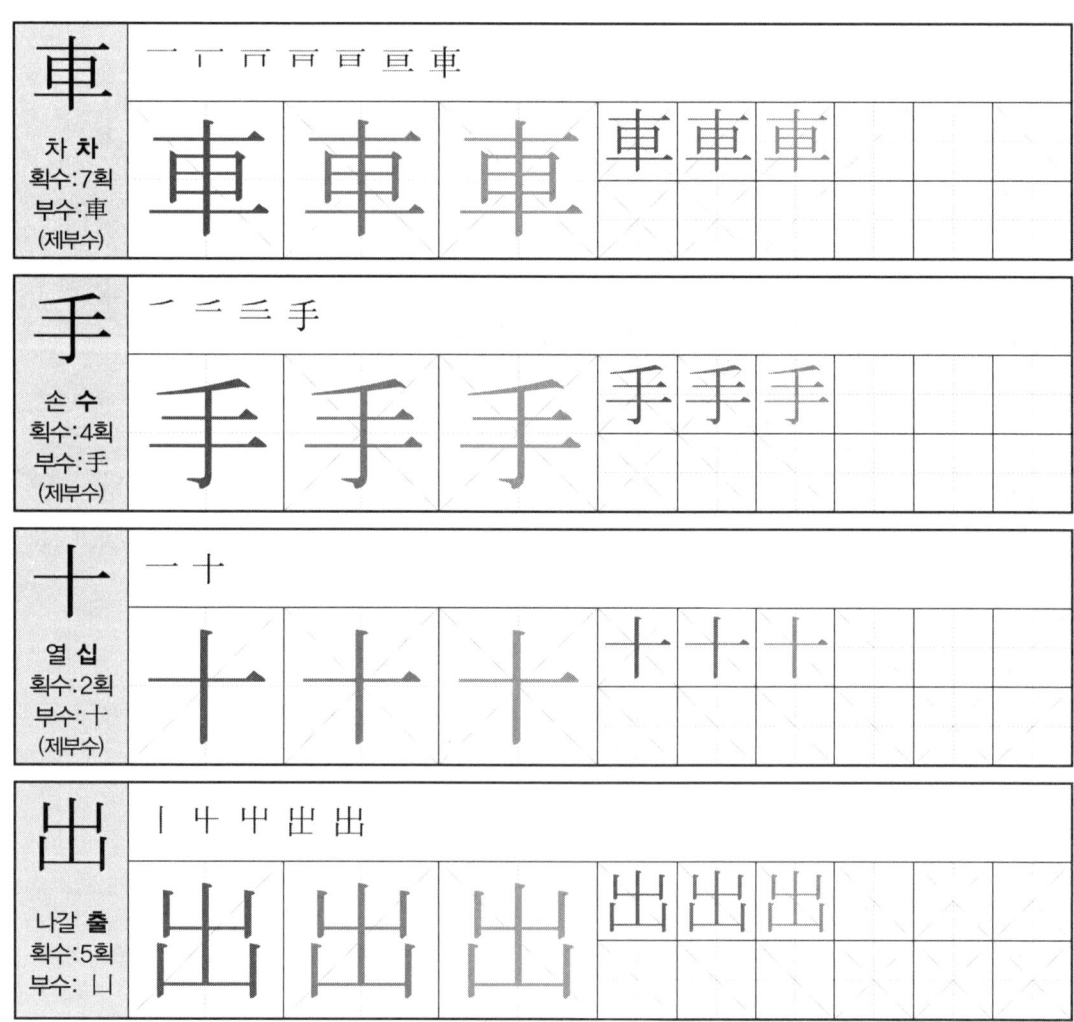

**車** 차 **차**
획수:7획
부수:車
(제부수)

一 ㄱ ㅜ ㅜ 百 亘 車

**手** 손 **수**
획수:4획
부수:手
(제부수)

ㄱ ㅜ ㅌ 手

**十** 열 **십**
획수:2획
부수:十
(제부수)

一 十

**出** 나갈 **출**
획수:5획
부수: 凵

丨 屮 屮 出 出

| 女 | 小 | 上 | 森 |
|---|---|---|---|
| 음:ジョ, ニョ, ニョウ | 음:ショウ | 음:ジョウ, ショウ | 음:シン |
| 훈:おんな, め | 훈:ちいさい, こ, お | 훈:うえ, うわ, かみ, あげる, のぼる | 훈:もり |
| 男女(ダンジョ 남녀)<br>天女(テンニョ 선녀)<br>女房(ニョウボウ 마누라, 아내)<br>女(おんな 여자)<br>女神(めがみ 여신) | 小学校(ショウガッコウ 초등학교)<br>小さい(ちいさい 작다)<br>小道(こみち 좁은 길)<br>小川(おがわ 작은 내) | 上位(ジョウイ 상위)<br>上人(ショウニン 고승)<br>上(うえ 위), 上着(うわぎ 상의)<br>上座(かみざ 상석)<br>上げる(あげる 올리다)<br>上る(のぼる 오르다) | 森林(シンリン 삼림)<br>森(もり 수풀) |

| 女<br><br>여자 녀<br>획수:3획<br>부수:女<br>(제부수) | く 女 女 女 女 女 女 女 女 | | | | | | |
|---|---|---|---|---|---|---|---|

| 小<br><br>작을 소<br>획수:3획<br>부수:小<br>(제부수) | 亅 小 小 小 小 小 小 小 小 | | | | | | |
|---|---|---|---|---|---|---|---|

| 上<br><br>윗 상<br>획수:3획<br>부수:一 | 丨 十 上 上 上 上 上 上 上 | | | | | | |
|---|---|---|---|---|---|---|---|

| 森<br><br>나무 빽빽할 삼<br>획수:12획<br>부수:木 | 一 十 オ 木 木 杰 森 森 森 森 森 森 森 森 森 | | | | | | |
|---|---|---|---|---|---|---|---|

| 人 | 水 | 正 | 生 |
|---|---|---|---|
| 음:ジン, ニン | 음:スイ | 음:セイ, ショウ | 음:セイ, ショウ, ジョウ |
| 훈:ひと | 훈:みず | 훈:ただしい, ただす, まさ | 훈:いきる, うまれる, はえる, なま, おう, き |
| 人生(ジンセイ 인생)<br>人間(ニンゲン 인간)<br>人(ひと 사람) | 水道(スイドウ 수도)<br>水(みず 물) | 正確(セイカク 정확)<br>正体(ショウタイ 정체)<br>正しい(ただしい 올바르다)<br>正す(ただす 바로잡다)<br>正夢(まさゆめ 사실과 일치하는 꿈) | 生徒(セイト 생도), 一生(イッショウ 일생), 誕生日(タンジョウビ 생일)<br>生きる(いきる 살다), 生まれる(うまれる 태어나다), 生える(はえる 나다), 生水(なまみず 끓이지 않은 물), 生い立ち(おいたち 성장) |

**人**
사람 인
획수:2획
부수:人
(제부수)

丿人　人　人　人　人　人　人

**水**
물 수
획수:4획
부수:水
(제부수)

丿 才 水　水　水　水　水　水　水

**正**
바를 정
획수:5획
부수:止

一 丁 下 正 正　正　正　正　正　正　正

**生**
날 생
획수:5획
부수:生
(제부수)

丿 ケ 午 生 生　生　生　生　生　生　生

| 青 | 夕 | 石 | 赤 |
|---|---|---|---|
| 음:セイ, ショウ | 음:セキ | 음:セキ, シャク, コク | 음:セキ, シャク |
| 훈:あお, あおい | 훈:ゆう | 훈:いし | 훈:あか, あかい, あからむ, あからめる |
| 青春(セイシュン 청춘)<br>緑青(ロクショウ 녹청)<br>青空(あおぞら 푸른 항공)<br>青い(あおい 파랗다) | 一朝一夕(イッチョウイッセキ 일조일석)<br>夕方(ゆうがた 해질 무렵) | 石油(セキユ 석유)<br>磁石(ジシャク 자석)<br>石高(コクダカ 미곡의 수확량)<br>石(いし 돌) | 赤道(セキドウ 적도), 赤銅色(シャクドウイロ 적동색)<br>赤信号(あかしんごう 적신호), 赤い(あかい 빨갛다)<br>赤らむ(あからむ 붉어지다), 赤らめる(あからめる 붉히다) |

**青**
푸를 청
획수:8획
부수:青
(제부수)

一 十 キ 主 青 青 青 青　　　　　　青

青　青　青　青　青　青

**夕**
저녁 석
획수:3획
부수:夕
(제부수)

ノ ク 夕

夕　夕　夕　夕　夕　夕

**石**
돌 석
획수:5획
부수:石
(제부수)

一 ア ア 石 石

石　石　石　石　石　石

**赤**
붉을 적
획수:7획
부수:赤
(제부수)

一 十 土 チ 才 亦 赤

赤　赤　赤　赤　赤　赤

1. 車道 _____
2. 手話 _____
3. 十日 _____
4. 出現 _____
5. 天女 _____
6. 小道 _____
7. 上位 _____
8. 森林 _____
9. 人生 _____
10. 水道 _____
11. 正体 _____
12. 一生 _____
13. 青春 _____
14. 夕方 _____
15. 石油 _____
16. 赤道 _____

# Clip 04
# 초등학교 1학년 교육한자

**학습내용**

▌초등학교 1학년 교육한자 16자의 音, 訓 학습
▌해당한자와 관련된 단어학습과 쓰기연습

千 川 先 早 草 足 村 大 男 竹 中 虫 町 天 田 土

**학습목표**

▌초등학교 1학년 교육한자 16자의 音, 訓을 학습하여 이해할 수 있다.
▌해당한자와 관련된 단어학습과 쓰기연습을 통해 일본에서의 실생활에 활용할 수 있다.

| 千 | 川 | 先 | 早 |
|---|---|---|---|
| 음:セン | 음:セン | 음:セン | 음:ソウ, サッ |
| 훈:ち | 훈:かわ | 훈:さき | 훈:はやい, はやまる, はやめる |
| 千(セン 천)<br>千鳥(ちどり 물떼새) | 河川(カセン 하천)<br>川(かわ 강, 하천) | 先生(センセイ 선생님)<br>先に(さきに 먼저) | 早春(ソウシュン 이른 봄)<br>早速(サッソク 빨리)<br>早い(はやい 빠르다)<br>早まる(はやまる 빨라지다)<br>早める(はやめる 재촉하다) |

| | |
|---|---|
| 千<br>**일천 천**<br>획수:3획<br>부수:十 | ノ 二 千    千 千 千   千 千 千 |
| 川<br>**내 천**<br>획수:3획<br>부수:川<br>(제부수) | ノ 丿 川    川 川 川   川川川 |
| 先<br>**앞 선**<br>획수:6획<br>부수:儿 | ノ 匕 牛 牛 先 先    先 先 先   先先先 |
| 早<br>**이를 조**<br>획수:6획<br>부수:日 | 丨 冂 冃 日 旦 早    早 早 早   早早早 |

| 草 | 足 | 村 | 大 |
|---|---|---|---|
| 음:ソウ | 음:ソク | 음:ソン | 음:ダイ, タイ |
| 훈:くさ | 훈:あし, たりる, たる, たす | 훈:むら | 훈:おお, おおきい, おおいに |
| 草原(ソウゲン 초원)<br>草(くさ 풀) | 遠足(エンソク 소풍)<br>足(あし 다리, 발)<br>足りる(たりる 족하다)<br>足る(たる 만족하다)<br>足す(たす 더하다) | 農村(ノウソン 농촌)<br>村(むら 마을) | 大学(ダイガク 대학)<br>大会(タイカイ 대회)<br>大型(おおがた 대형)<br>大きい(おおきい 크다)<br>大いに(おおいに 크게) |

### 草

一 十 十 芎 芎 芎 芐 草 草　草

**풀 초**
획수:9획
부수:艸

草 草 草 草 草 草

### 足

丨 口 口 甼 문 足 足

**발 족**
획수:7획
부수:足
(제부수)

足 足 足 足 足 足

### 村

一 十 オ 木 村 村 村

**마을 촌**
획수:7획
부수:木

村 村 村 村 村 村

### 大

一 ナ 大

**큰 대**
획수:3획
부수:大
(제부수)

大 大 大 大 大 大

| 男 | 竹 | 中 | 虫 |
|---|---|---|---|
| 음:ダン, ナン | 음:チク | 음:チュウ, ジュウ | 음:チュウ |
| 훈:おとこ | 훈:たけ | 훈:なか | 훈:むし |
| 男子(ダンシ 남자)<br>長男(チョウナン 장남)<br>男(おとこ 남자) | 破竹(ハチク 대를 쪼갬)<br>竹(たけ 대나무) | 中立(チュウリツ 중립)<br>一日中(イチニチジュウ 하루 종일)<br>中(なか 가운데, 안) | 害虫(ガイチュウ 해충)<br>虫(むし 벌레) |

| | | |
|---|---|---|
| **男**<br><br>사내 **남**<br>획수:7획<br>부수:田 | 丨 冂 冂 冊 田 曱 男 | 男　男　男　男　男　男 |

| | | |
|---|---|---|
| **竹**<br><br>대 **죽**<br>획수:6획<br>부수:竹<br>(제부수) | ノ ト 竹 竹 竹 竹 | 竹　竹　竹　竹　竹　竹 |

| | | |
|---|---|---|
| **中**<br><br>가운데 **중**<br>획수:4획<br>부수:丨 | 丨 冂 口 中 | 中　中　中　中　中　中 |

| | | |
|---|---|---|
| **虫**<br><br>벌레 **충**<br>획수:6획<br>부수:虫<br>(제부수) | 丨 冂 口 中 虫 虫　　　　　　　　　　蟲 | 虫　虫　虫　虫　虫　虫 |

| 町 | 天 | 田 | 土 |
|---|---|---|---|
| 음:チョウ | 음:テン | 음:デン | 음:ド, ト |
| 훈:まち | 훈:あめ, あま | 훈:た | 훈:つち |
| 町(チョウ 지방 자치단체의 하나)<br>下町(したまち 서민동네) | 天気(テンキ 날씨)<br>天(あめ 하늘(雅語))<br>天下り(あまくだり 강림) | 田園(デンエン 전원)<br>田(た 논) | 土木(ドボク 토목)<br>土地(トチ 토지)<br>土(つち 흙) |

| 町<br><br>밭두둑 정<br>획수:7획<br>부수:田 | 丨 冂 冂 田 田 町 町 | | | 町 町 町 | | | | |
|---|---|---|---|---|---|---|---|---|
| | 町 | 町 | 町 | | | | | |

| 天<br><br>하늘 천<br>획수:4획<br>부수:大 | 一 二 于 天 | | | 天 天 天 | | | | |
|---|---|---|---|---|---|---|---|---|
| | 天 | 天 | 天 | | | | | |

| 田<br><br>밭 전<br>획수:5획<br>부수:田<br>(제부수) | 丨 冂 冂 田 田 | | | 田 田 田 | | | | |
|---|---|---|---|---|---|---|---|---|
| | 田 | 田 | 田 | | | | | |

| 土<br><br>흙 토<br>획수:3획<br>부수:土<br>(제부수) | 一 十 土 | | | 土 土 土 | | | | |
|---|---|---|---|---|---|---|---|---|
| | 土 | 土 | 土 | | | | | |

1.  千鳥 _____
2.  河川 _____
3.  先に _____
4.  早春 _____
5.  草原 _____
6.  遠足 _____
7.  農村 _____
8.  大会 _____
9.  男子 _____
10. 破竹 _____
11. 中立 _____
12. 害虫 _____
13. 下町 _____
14. 天気 _____
15. 田園 _____
16. 土地 _____

# Clip 05
# 초등학교 1학년 교육한자

**학습내용**

▌ 초등학교 1학년 교육한자 16자의 音, 訓 학습

▌ 해당한자와 관련된 단어학습과 쓰기연습

二 日 入 年 白 八 百 文 木 本 名 目 立 力 林 六

**학습목표**

▌ 초등학교 1학년 교육한자 16자의 音, 訓 학습하여 이해할 수 있다.

▌ 해당한자와 관련된 단어학습과 쓰기연습을 통해 일본에서의 실생활에 활용할 수 있다.

| 二 | 日 | 入 | 年 |
|---|---|---|---|
| 음:ニ | 음:ニチ, ジツ | 음:ニュウ | 음:ネン |
| 훈:ふた, ふたつ | 훈:ひ, か | 훈:いる, いれる, はいる | 훈:とし |
| 二階(ニカイ 2층)<br>二重瞼(ふたえまぶた 쌍꺼풀)<br>二つ(ふたつ 두 개) | 毎日(マイニチ 매일)<br>平日(ヘイジツ 평일)<br>日(ひ 해)<br>三日(みっか 삼일) | 入学(ニュウガク 입학)<br>入口(いりぐち 입구)<br>入れる(いれる 넣다)<br>入る(はいる 들어가다) | 年金(ネンキン 연금)<br>年(とし 나이) |

**二** 두 **이**
획수:2획
부수:二
(제부수)

一 二

二　二　二　二　二　二

**日** 날 **일**
획수:4획
부수:日
(제부수)

丨 冂 日 日

日　日　日　日　日　日

**入** 들 **입**
획수:2획
부수:入
(제부수)

丿 入

入　入　入　入　入　入

**年** 해 **년**
획수:6획
부수: 干

丿 ㅌ 午 午 年 年

年　年　年　年　年　年

| 白 | 八 | 百 | 文 |
|---|---|---|---|
| 음:ハク, ビャク | 음:ハチ | 음:ヒャク | 음:ブン, モン |
| 훈:しろ, しろい, しら | 훈:や, やつ, やっつ, よう | 훈: | 훈:ふみ |
| 白鳥(ハクチョウ 백조)<br>白夜(ビャクヤ 백야)<br>白黒(しろくろ 흑백)<br>白い(しろい 하얗다)<br>白雪(しらゆき 흰 눈) | 八番(ハチバン 팔 번)<br>八重桜(やえざくら 천엽벚나무)<br>八つ当たり(やつあたり 엉뚱한 화풀이)<br>八つ(やっつ 여덟 개)<br>八日(ようか 팔일) | 百(ヒャク 백) | 作文(サクブン 작문)<br>文句(モンク 문구, 불평)<br>文(ふみ 서한, 편지(雅語)) |

| 白 | ´ ⺅ 白 白 白 | | | 白 | 白 | 白 |
|---|---|---|---|---|---|---|
| 흰 **백**<br>획수:5획<br>부수:白<br>(제부수) | 白 | 白 | 白 | | | |

| 八 | ノ 八 | | | 八 | 八 | 八 |
|---|---|---|---|---|---|---|
| 여덟 **팔**<br>획수:2획<br>부수:八<br>(제부수) | 八 | 八 | 八 | | | |

| 百 | 一 ⺈ ⺮ 百 百 百 | | | 百 | 百 | 百 |
|---|---|---|---|---|---|---|
| 일백 **백**<br>획수:6획<br>부수:白 | 百 | 百 | 百 | | | |

| 文 | ⼀ 亠 ナ 文 | | | 文 | 文 | 文 |
|---|---|---|---|---|---|---|
| 글월 **문**<br>획수:4획<br>부수:文<br>(제부수) | 文 | 文 | 文 | | | |

| 木 | 本 | 名 | 目 |
|---|---|---|---|
| 음:モク, ボク | 음:ホン | 음:メイ, ミョウ | 음:モク, ボク |
| 훈:き, こ | 훈:もと | 훈:な | 훈:め, ま |
| 木材(モクザイ 목재)<br>大木(タイボク 거목)<br>木(き 나무)<br>木の葉(このは 나뭇 잎) | 本人(ホンニン 본인)<br>本(もと 근본) | 名作(メイサク 명작)<br>名字(ミョウジ 성)<br>名前(なまえ 이름) | 目次(モクジ 목차)<br>面目(メンボク 면목)<br>目(め 눈)<br>目のあたり(まのあたり 눈 앞) |

| 木<br>나무 **목**<br>획수:4획<br>부수:木<br>(제부수) | 一 十 才 木 |
|---|---|
| | 木 木 木 木 木 木 |

| 本<br>근본 **본**<br>획수:5획<br>부수:木 | 一 十 才 木 本 |
|---|---|
| | 本 本 本 本 本 本 |

| 名<br>이름 **명**<br>획수:6획<br>부수:口 | ノ ク タ タ 名 名 |
|---|---|
| | 名 名 名 名 名 名 |

| 目<br>눈 **목**<br>획수:5획<br>부수:目<br>(제부수) | l 冂 目 目 目 |
|---|---|
| | 目 目 目 目 目 目 |

| 立 | 力 | 林 | 六 |
|---|---|---|---|
| 음:リツ, リュウ | 음:リョク, リキ | 음:リン | 음:ロク |
| 훈:たつ, たてる | 훈:ちから | 훈:はやし | 훈:む, むつ, むっつ, むい |
| 立案(リツアン 입안)<br>建立(コンリュウ 건립)<br>立つ(たつ 서다)<br>立てる(たてる 세우다) | 体力(タイリョク 체력)<br>力作(リキサク 역작)<br>力(ちから 힘) | 国有林(コクユウリン 국유림)<br>林(はやし 숲) | 六年生(ロクネンセイ 6학년)<br>六(む 여섯)<br>六つ切り(むつぎり 육등분으로 자른 것), 六つ(むっつ 여섯)<br>六日(むいか 육 일) |

| | 筆順 | 연습 |
|---|---|---|
| **立**<br>설 **립**<br>획수:5획<br>부수:立<br>(제부수) | 丶 亠 六 立 立 | 立 立 立 立 立 立 |
| **力**<br>힘 **력**<br>획수:2획<br>부수:力<br>(제부수) | フ 力 | 力 力 力 力 力 力 |
| **林**<br>수풀 **림**<br>획수:8획<br>부수:木 | 一 十 十 木 十 村 材 林 | 林 林 林 林 林 林 |
| **六**<br>여섯 **륙**<br>획수:4획<br>부수:八 | 丶 亠 六 六 | 六 六 六 六 六 六 |

1. 二階 _____

2. 平日 _____

3. 入学 _____

4. 年金 _____

5. 白夜 _____

6. 八重桜 _____

7. 百 _____

8. 文句 _____

9. 大木 _____

10. 本人 _____

11. 名字 _____

12. 面目 _____

13. 建立 _____

14. 体力 _____

15. 国有林 _____

16. 六年生 _____

# Clip 01
# 초등학교 2학년 교육한자

▌학습내용

▋초등학교 2학년 교육한자 16자의 음, 訓 학습
▋해당한자와 관련된 단어학습과 쓰기연습

引 羽 雲 園 遠 何 科 夏 家 歌 画 回 会 海 絵 外

▌학습목표

▋초등학교 2학년 교육한자 16자의 음, 訓을 학습하여 이해할 수 있다.
▋해당한자와 관련된 단어학습과 쓰기연습을 통해 일본에서의 실생활에 활용할 수 있다.

| 引 | 羽 | 雲 | 園 |
|---|---|---|---|
| 음:イン | 음:ウ | 음:ウン | 음:エン |
| 훈:ひく, ひける | 훈:は, はね | 훈:くも | 훈: |
| 索引(サクイン 색인)<br>引く(ひく 빼다, 당기다)<br>引ける(ひける 끝나다, 기가 죽다) | 羽毛(ウモウ 우모)<br>羽音(はおと 날개소리, 화살 날아가는 소리)<br>羽(はね 날개, 깃털) | 雲海(ウンカイ 운해)<br>雲(くも 구름) | 公園(コウエン 공원) |

**引** 끌 인
획수:4획
부수:弓

一 コ 弓 引

引 引 引 | 引 引 引

**羽** 깃 우
획수:6획
부수:羽
(제부수)

フ ヲ ヲ 亥 犭 羽 羽 | 羽

羽 羽 羽 | 羽 羽 羽

**雲** 구름 운
획수:12획
부수:雨

一 一 一 干 干 �褜 乫 乫 雲 雲 雲 雲

雲 雲 雲 | 雲 雲 雲

**園** 동산 원
획수:13획
부수:囗

丨 冂 冂 門 冃 周 周 周 園 園 園 園 園

園 園 園 | 園 園 園

| 遠 | 何 | 科 | 夏 |
|---|---|---|---|
| 음:エン, オン | 음:カ | 음:カ | 음:カ, ゲ |
| 훈:とおい | 훈:なに, なん | 훈: | 훈:なつ |
| 遠近(エンキン 원근)<br>久遠(クオン 구원)<br>遠い(とおい 멀다) | 幾何学(キカガク 기하학)<br>何(なに 무엇)<br>何人(なんにん 몇 사람) | 科目(カモク 과목) | 夏季(カキ 하계)<br>夏至(ゲシ 하지)<br>夏(なつ 여름) |

| 遠<br><br>멀 원<br>획수:13획<br>부수:辶 | 一 十 土 吉 吉 吉 吉 声 克 克 袁 遠 遠 遠　　　　　　　遠 |
|---|---|

遠 遠 遠 | 遠 遠 遠

| 何<br><br>어찌 하<br>획수:7획<br>부수:人 | ノ イ イ 仁 仃 何 何 |
|---|---|

何 何 何 | 何 何 何

| 科<br><br>과목 과<br>획수:9획<br>부수:禾 | 一 二 千 千 禾 禾 禾 科 科 |
|---|---|

科 科 科 | 科 科 科

| 夏<br><br>여름 하<br>획수:10획<br>부수:夂 | 一 一 一 丆 百 百 百 百 夏 夏 |
|---|---|

夏 夏 夏 | 夏 夏 夏

| 家 | 歌 | 画 | 回 |
|---|---|---|---|
| 음:カ, ケ | 음:カ | 음:ガ, カク | 음:カイ, エ |
| 훈:いえ, や | 훈:うた, うたう | 훈: | 훈:まわる, まわす |
| 家族(カゾク 가족)<br>本家(ホンケ 본가)<br>家(いえ 집)<br>家賃(やちん 집세) | 歌手(カシュ 가수)<br>歌(うた 노래)<br>歌う(うたう 노래하다) | 画家(ガカ 화가)<br>画数(カクスウ 획수) | 回転(カイテン 회전)<br>回心(エシン 회심)<br>回る(まわる 돌다)<br>回す(まわす 돌리다) |

| 家<br><br>집 가<br>획수:10획<br>부수:宀 | 丶 丶 宀 宀 宁 宇 穷 家 家 家 |
|---|---|

家 家 家 家 家 家

| 歌<br><br>노래 가<br>획수:14획<br>부수:欠 | 一 丆 币 币 可 可 可 哥 哥 哥 哥 歌 歌 歌 |
|---|---|

歌 歌 歌 歌 歌 歌

| 画<br><br>그림 화,<br>그을 획<br>획수:8획<br>부수:田 | 一 丆 币 币 而 面 画 画 　　　　　畫/劃 |
|---|---|

画 画 画 画 画 画

| 回<br><br>돌 회<br>획수:6획<br>부수:口 | 丨 冂 冂 冋 回 回 |
|---|---|

回 回 回 回 回 回

| 会 | 海 | 絵 | 外 |
|---|---|---|---|
| 음:カイ, エ | 음:カイ | 음:カイ, エ | 음:ガイ, ゲ |
| 훈:あう | 훈:うみ | 훈: | 훈:そと, ほか, はずす, はずれる |
| 会合(カイゴウ 회합)<br>会得(エトク 터득)<br>会う(あう 만나다) | 海外(カイガイ 해외)<br>海(うみ 바다) | 絵画(カイガ 회화)<br>絵本(エホン 그림책) | 外国(ガイコク 외국)<br>外科(ゲカ 외과)<br>外(そと 밖, 겉), 外(ほか 딴, 이외)<br>外す(はずす 떼다, 떼어 내다)<br>外れる(はずれる 안 맞다, 빗나<br>가다) |

**会** 모일 **회**
획수:6획
부수:人

ノ 人 入 仝 会 会　　　　會

会 会 会 会 会 会

**海** 바다 **해**
획수:9획
부수:水

丶 丶 氵 汁 沪 海 海 海 海　　　　海

海 海 海 海 海 海

**絵** 그림 **회**
획수:12획
부수:糸

幺 幺 幺 糸 糸 糸 給 給 絵 絵 絵　　　　繪

絵 絵 絵 絵 絵 絵

**外** 바깥 **외**
획수:5획
부수:夕

ノ ク タ 列 外

外 外 外 外 外 外

1. 索引 _____
2. 羽 _____
3. 雲海 _____
4. 公園 _____
5. 遠近 _____
6. 幾何学 _____
7. 科目 _____
8. 夏至 _____
9. 家賃 _____
10. 歌う _____
11. 画家 _____
12. 回る _____
13. 会得 _____
14. 海外 _____
15. 絵本 _____
16. 外科 _____

# Clip 02
# 초등학교 2학년 교육한자

**학습내용**

▍초등학교 2학년 교육한자 16자의 音, 訓 학습

▍해당한자와 관련된 단어학습과 쓰기연습

角 楽 活 間 丸 岩 顔 汽 記 帰 弓 牛 魚 京 強 教

**학습목표**

▍초등학교 2학년 교육한자 16자의 音, 訓을 학습하여 이해할 수 있다.

▍해당한자와 관련된 단어학습과 쓰기연습을 통해 일본에서의 실생활에 활용할 수 있다.

| 角 | 楽 | 活 | 間 |
|---|---|---|---|
| 음:カク | 음:ガク, ガッ, ラク | 음:カツ, カッ | 음:カン, ケン, ゲン |
| 훈:かど, つの | 훈:たのしい, たのしむ | 훈: | 훈:あいだ, ま |
| 角度(カクド 각도)<br>角(かど 귀퉁이)<br>角(つの 뿔) | 楽団(ガクダン 악단)<br>楽器(ガッキ 악기)<br>苦楽(クラク 고락)<br>楽しい(たのしい 즐겁다)<br>楽しむ(たのしむ 즐기다) | 活動(カツドウ 활동)<br>活発(カッパツ 활발) | 年間(ネンカン 연간)<br>世間(セケン 세상)<br>人間(ニンゲン 인간)<br>間(あいだ 사이)<br>客間(きゃくま 손님 방) |

**角**
뿔 **각**
획수:7획
부수:角
(제부수)

丿 勹 勹 角 角 角 角

角 角 角 | 角 角 角

**楽**
풍류**악**,
즐길**락**
획수:13획
부수:木

丿 冇 白 白 泊 泊 泊 泊 渔 渔 渔 楽 楽　　　　　　楽

楽 楽 楽 | 楽 楽 楽

**活**
살 **활**
획수:9획
부수:水

丶 丶 氵 汢 汗 汗 汗 活 活

活 活 活 | 活 活 活

**間**
사이 **간**
획수:12획
부수:門

丨 冂 冂 冃 門 門 門 門 門 閂 間 間

間 間 間 | 間 間 間

| 丸 | 岩 | 顔 | 汽 |
|---|---|---|---|
| 음:ガン | 음:ガン | 음:ガン | 음:キ |
| 훈:まる, まるい, まるめる | 훈:いわ | 훈:かお | 훈: |
| 一丸(イチガン 한 덩어리)<br>丸顔(まるがお 둥근 얼굴)<br>丸い(まるい 둥글다)<br>丸める(まるめる 둥글게 하다) | 岩石(ガンセキ 암석)<br>岩(いわ 바위) | 洗顔(センガン 세안)<br>顔(かお 얼굴) | 汽車(キシャ 기차) |

| 丸<br><br>둥글 **환**<br>획수:3획<br>부수:丶 | ノ 九 丸 |
|---|---|

丸 丸 丸 丸 丸 丸

| 岩<br><br>바위 **암**<br>획수:8획<br>부수:山 | 丨 屵 屵 屵 屵 岩 岩 岩　　　　巖 |
|---|---|

岩 岩 岩 岩 岩 岩

| 顔<br><br>얼굴 **안**<br>획수:18획<br>부수:頁 | 丶 亠 ㅗ 立 立 产 产 彦 彦 彦 彦 彥 顔 顔 顔 顔 顔 顔 |
|---|---|

顔 顔 顔 顔 顔 顔

| 汽<br><br>김 **기**<br>획수:7획<br>부수:水 | 丶 丶 氵 氵 汇 汽 汽 |
|---|---|

汽 汽 汽 汽 汽 汽

| 記 | 帰 | 弓 | 牛 |
|---|---|---|---|
| 음:キ | 음:キ | 음:キュウ | 음:ギュウ |
| 훈:しるす | 훈:かえる, かえす | 훈:ゆみ | 훈:うし |
| 記事(キジ 기사)<br>記す(しるす 적다, 기록하다) | 帰国(キコク 귀국)<br>帰る(かえる 돌아가다, 돌아오다)<br>帰す(かえす 돌려보내다) | 弓道(キュウドウ 궁도)<br>弓(ゆみ 활) | 牛乳(ギュウニュウ 우유)<br>牛(うし 소) |

| 記<br><br>기록할 기<br>획수:10획<br>부수:言 | 一 二 三 言 言 言 記 記 記 | | |
|---|---|---|---|
| | 記 記 記 | 記 記 記 | |

| 帰<br><br>돌아올 귀<br>획수:10획<br>부수:巾 | 丿 刂 刂 刂 刂 帰 帰 帰 帰 | | 歸 |
|---|---|---|---|
| | 帰 帰 帰 | 帰 帰 帰 | |

| 弓<br><br>활 궁<br>획수:3획<br>부수:弓<br>(제부수) | 一 弓 弓 | | |
|---|---|---|---|
| | 弓 弓 弓 | 弓 弓 弓 | |

| 牛<br><br>소 우<br>획수:4획<br>부수:牛<br>(제부수) | 丿 一 二 牛 | | |
|---|---|---|---|
| | 牛 牛 牛 | 牛 牛 牛 | |

| 魚 | 京 | 強 | 教 |
|---|---|---|---|
| 음:ギョ | 음:キョウ | 음:キョウ, ゴウ | 음:キョウ |
| 훈:うお, さかな | 훈: | 훈:つよい, つよまる, しいる | 훈:おしえる, おそわる |
| 金魚(キンギョ 금붕어)<br>魚市場(うおいちば 어시장)<br>魚(さかな 물고기) | 上京(ジョウキョウ 상경) | 強化(キョウカ 강화)<br>強引(ゴウイン 억지로 강행함)<br>強い(つよい 강하다)<br>強まる(つよまる 강해지다)<br>強いる(しいる 강요하다) | 教育(キョウイク 교육)<br>教える(おしえる 가르치다)<br>教わる(おそわる 가르침을 받다) |

**魚**
物고기 **어**
획수:11획
부수:魚
(제부수)

ノ ク 乃 甸 甸 甸 甾 魚 魚 魚 魚

魚 魚 魚 | 魚 魚 魚

**京**
서울 **경**
획수:8획
부수:亠

丶 ー 古 古 古 亨 京 京

京 京 京 | 京 京 京

**強**
굳셀 **강**
획수:11획
부수:弓

丁 弓 弓 弘 弘 弘 弘 弭 強 強　　　　強

強 強 強 | 強 強 強

**教**
가르칠 **교**
획수:11획
부수:攵

一 十 土 耂 耂 孝 孝 教 教 教 教　　　　教

教 教 教 | 教 教 教

1. 角度 _____

2. 楽団 _____

3. 活動 _____

4. 世間 _____

5. 丸顔 _____

6. 岩石 _____

7. 洗顔 _____

8. 汽車 _____

9. 記す _____

10. 帰国 _____

11. 弓道 _____

12. 牛乳 _____

13. 魚市場 _____

14. 上京 _____

15. 強化 _____

16. 教育 _____

# Clip 03
# 초등학교 2학년 교육한자

▌ 초등학교 2학년 교육한자 16자의 音, 訓 학습
▌ 해당한자와 관련된 단어학습과 쓰기연습

近 兄 形 計 元 言 原 戸 古 午 後 語 工 公 広 交

▌ 초등학교 2학년 교육한자 16자의 音, 訓을 학습하여 이해할 수 있다.
▌ 해당한자와 관련된 단어학습과 쓰기연습을 통해 일본에서의 실생활에 활용할 수 있다.

| 近 | 兄 | 形 | 計 |
|---|---|---|---|
| 음:キン | 음:キョウ, ケイ | 음:ケイ, ギョウ | 음:ケイ |
| 훈:ちかい | 훈:あに | 훈:かた, かたち | 훈:はかる, はからう |
| 近所(キンジョ 근처)<br>近い(ちかい 가깝다) | 兄弟(キョウダイ 형제)<br>父兄(フケイ 학부형)<br>兄(あに 형, 오빠) | 形式(ケイシキ 형식)<br>人形(ニンギョウ 인형)<br>形(かたち 모양)<br>形見(かたみ 유품) | 計画(ケイカク 계획)<br>計る(はかる 재다, 달다)<br>計らう(はからう 조처하다) |

---

**近** 가까울 **근**
획수:7획
부수:辶

一 厂 斤 斤 斤 近 近　　　近

近 近 近 ｜ 近 近 近

---

**兄** 형 **형**
획수:5획
부수:儿

丿 ⼝ ⼝ 尸 兄

兄 兄 兄 ｜ 兄 兄 兄

---

**形** 모습 **형**
획수:7획
부수:彡

一 二 于 开 形 形 形

形 形 形 ｜ 形 形 形

---

**計** 셈할 **계**
획수:9획
부수:言

一 亠 言 言 言 言 計

計 計 計 ｜ 計 計 計

| 元 | 言 | 原 | 戶 |
|---|---|---|---|
| 음:ガン, ゲン | 음:ゲン, ゴン | 음:ゲン | 음:コ |
| 훈:もと | 훈:いう, こと | 훈:はら | 훈:と, ど |
| 元日(ガンジツ 설날)<br>元首(ゲンシュ 원수)<br>元(もと 처음, 시작) | 発言(ハツゲン 발언)<br>伝言(デンゴン 전언)<br>言う(いう 말하다)<br>一言(ひとこと 한 마디) | 原作(ゲンサク 원작)<br>原(はら 들, 벌판) | 戸籍(コセキ 호적)<br>戸口(とぐち 출입구)<br>雨戸(あまど 덧문) |

| | | | | | |
|---|---|---|---|---|---|
| **元**<br><br>으뜸 **원**<br>획수:4획<br>부수:儿 | 一 二 テ 元 | | | | |
| | 元 | 元 | 元 | 元 元 元 | |

| **言**<br><br>말씀 **언**<br>획수:7획<br>부수:言<br>(제부수) | 一 二 三 言 言 言 言 | | | | |
|---|---|---|---|---|---|
| | 言 | 言 | 言 | 言 言 言 | |

| **原**<br><br>근원 **원**<br>획수:10획<br>부수:厂 | 一 厂 厂 厂 厈 原 原 原 原 原 | | | | |
|---|---|---|---|---|---|
| | 原 | 原 | 原 | 原 原 原 | |

| **戶**<br><br>집 **호**<br>획수:4획<br>부수:戶<br>(제부수) | 一 ㄱ ㅋ 戶 | | | 戶 | |
|---|---|---|---|---|---|
| | 戶 | 戶 | 戶 | 戶 戶 戶 | |

| 古 | 午 | 後 | 語 |
|---|---|---|---|
| 음:コ | 음:ゴ | 음:ゴ, ゴウ | 음:ゴ |
| 훈:ふるい, ふるす | 훈: | 훈:のち, うしろ, あと, おくれる | 훈:かたる, かたらう |
| 古代(コダイ 고대)<br>古い(ふるい 오래되다)<br>古す(ふるす 오래 써서 낡게 하다) | 午前(ゴゼン 오전) | 食後(ショクゴ 식후)<br>後半(コウハン 후반)<br>後(のち 다음, 후), 後ろ(うしろ 뒤)<br>後書き(あとがき 후기, 추신)<br>後れる(おくれる 뒤떨어지다) | 語学(ゴガク 어학)<br>語る(かたる 말하다)<br>語らう(かたらう 이야기를 나누다) |

**古**
옛 고
획수:5획
부수:口

一 十 十 古 古

古　古　古　古　古　古

**午**
낮 오
획수:4획
부수:十

ノ ニ ヒ 午

午　午　午　午　午　午

**後**
뒤 후
획수:9획
부수:彳

ノ ク イ 彳 彳 彳 彳 後 後

後　後　後　後　後　後

**語**
말씀 어
획수:14획
부수:言

一 一 一 言 言 言 言 訂 訂 語 語 語 語 語

語　語　語　語　語　語

| 工 | 公 | 広 | 交 |
|---|---|---|---|
| 음:コウ, ク | 음:コウ | 음:コウ | 음:コウ |
| 훈: | 훈:おおやけ | 훈:ひろい, ひろまる, ひろめる, ひろがる, ひろげる | 훈:まじわる, まじえる, まじる, まざる, まぜる, かう, かわす |
| 工事(コウジ 공사)<br>工夫(クフウ 고안, 궁리) | 公演(コウエン 공연)<br>公(おおやけ 공공단체, 공중) | 広告(コウコク 광고)<br>広い(ひろい 넓다), 広まる(ひろまる 넓어지다), 広める(ひろめる 넓히다)<br>広がる(ひろがる 퍼지다), 広げる(ひろげる 펼치다, 넓히다) | 交際(コウサイ 교제)<br>交わる(まじわる 교차하다), 交える(まじえる 섞다, 주고받다)<br>交じる(まじる 섞이다, 사귀다), 交ざる(まざる 섞이다)交ぜる(まぜる 섞다) |

~

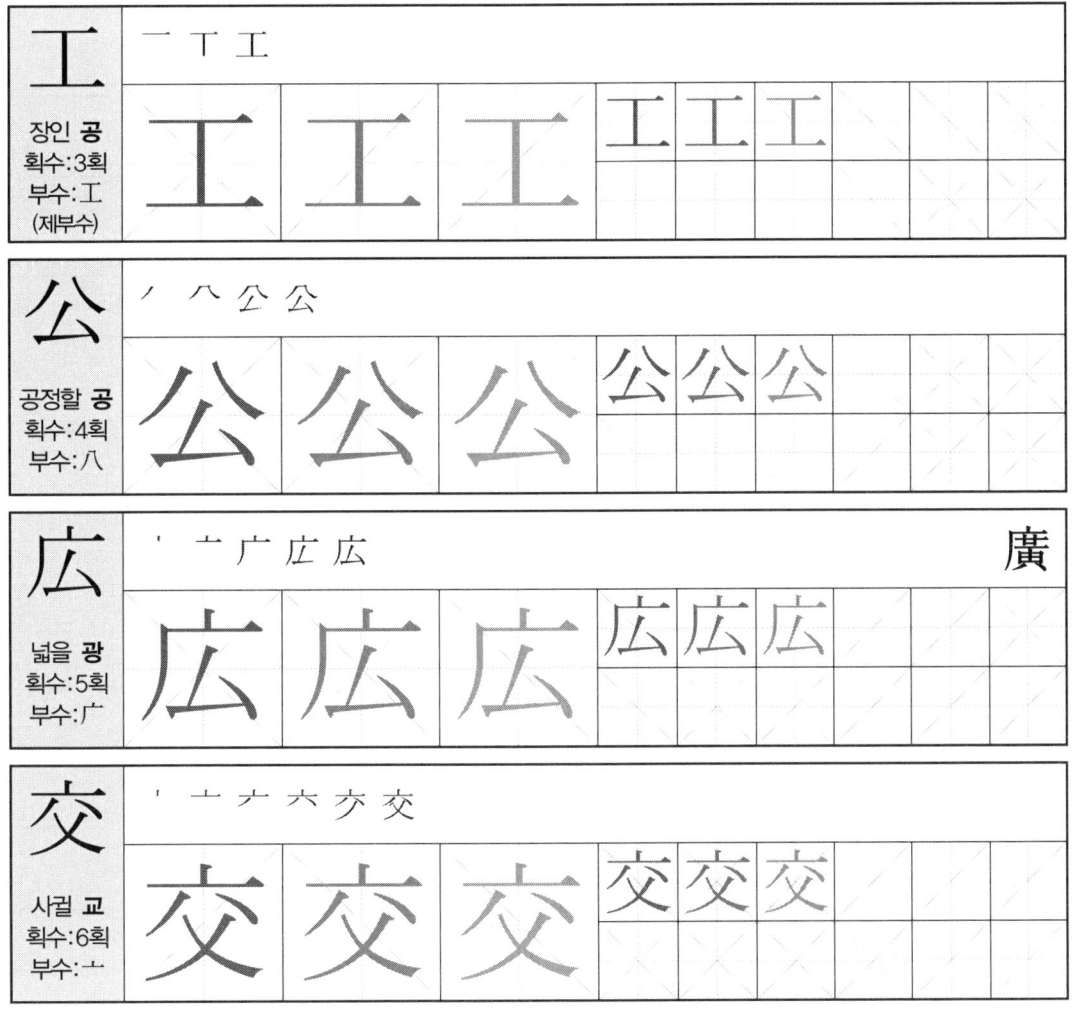

工 / 장인 공 / 획수:3획 / 부수:工 (제부수)
一 丁 工
工 工 工 工 工 工

公 / 공정할 공 / 획수:4획 / 부수:八
丿 八 公 公
公 公 公 公 公 公

広 / 넓을 광 / 획수:5획 / 부수:广　　　　廣
丶 亠 广 広 広
広 広 広 広 広 広

交 / 사귈 교 / 획수:6획 / 부수:亠
丶 亠 ナ 六 交 交
交 交 交 交 交 交

1. 近所 _____
2. 父兄 _____
3. 形式 _____
4. 計る _____
5. 元首 _____
6. 伝言 _____
7. 原作 _____
8. 戸籍 _____
9. 古代 _____
10. 午前 _____
11. 食後 _____
12. 語る _____
13. 工夫 _____
14. 公演 _____
15. 広告 _____
16. 交際 _____

# Clip 04
# 초등학교 2학년 교육한자

**학습내용**

▌ 초등학교 2학년 교육한자 16자의 音, 訓 학습
▌ 해당한자와 관련된 단어학습과 쓰기연습

光 考 行 高 黄 合 谷 国 黒 今 才 細 作 算 止 市

**학습목표**

▌ 초등학교 2학년 교육한자 16자의 音, 訓을 학습하여 이해할 수 있다.
▌ 해당한자와 관련된 단어학습과 쓰기연습을 통해 일본에서의 실생활에 활용할 수 있다.

| 光 | 考 | 行 | 高 |
|---|---|---|---|
| 음:コウ | 음:コウ | 음:コウ, ギョウ, アン | 음:コウ |
| 훈:ひかる, ひかり | 훈:かんがえる | 훈:いく, ゆく, おこなう | たかい, たか, たかまる, たかめる |
| 観光(カンコウ 관광)<br>光る(ひかる 빛나다)<br>光(ひかり 빛) | 思考(シコウ 사고)<br>考える(かんがえる 생각하다) | 行動(コウドウ 행동)<br>行事(ギョウジ 행사)<br>行燈(アンドン 사방등)<br>行く(いく 가다), 行方(ゆくえ 행방)<br>行う(おこなう 행하다) | 高速(コウソク 고속)<br>高い(たかい 높다)<br>高値(たかね 비싼 값)<br>高まる(たかまる 높아지다)<br>高める(たかめる 높이다) |

**光**
빛 광
획수:6획
부수:儿

丨 丬 半 平 光

光 光 光 光 光 光

**考**
생각할 고
획수:6획
부수:耂

一 十 土 耂 考 考

考 考 考 考 考 考

**行**
다닐 행
획수:6획
부수:行
(제부수)

ノ ク イ 彳 行 行

行 行 行 行 行 行

**高**
높을 고
획수:10획
부수:高
(제부수)

丶 亠 产 古 古 声 高 高 高 高

高 高 高 高 高 高

| 黄 | 合 | 谷 | 国 |
|---|---|---|---|
| 음:コウ, オウ | 음:ゴウ, ガッ, カッ | 음:コク | 음:コク |
| 훈:き, こ | 훈:あう, あわす, あわせる | 훈:たに | 훈:くに |
| 黄白(コウハク 황백)<br>卵黄(ランオウ 난황)<br>黄身(きみ 노른자위)<br>黄金虫(こがねむし 풍뎅이) | 合計(ゴウケイ 합계)<br>合併(ガッペイ 합병)<br>合戦(カッセン 전투, 접전)<br>合う(あう 맞다),<br>合わす(あわす 맞추다)<br>合わせる(あわせる 합치다, 맞추다) | 渓谷(ケイコク 계곡)<br>谷(たに 골짜기) | 国民(コクミン 국민)<br>国(くに 나라) |

**黄**
누를 **황**
획수:11획
부수:黄
(제부수)

一 十 卄 芒 芒 芓 苎 苹 菁 黄 黄　　　黄

黄 黄 黄 黄 黄 黄

**合**
합할 **합**
획수:6획
부수:口

ノ 人 人 스 合 合

合 合 合 合 合 合

**谷**
골짜기 **곡**
획수:7획
부수:谷
(제부수)

ノ 八 グ 公 公 谷 谷

谷 谷 谷 谷 谷 谷

**国**
나라 **국**
획수:8획
부수:口

丨 冂 冋 冋 囝 国 国 国　　　國

国 国 国 国 国 国

| | | | |
|---|---|---|---|
| 黒 | 今 | 才 | 細 |
| 음:コク | 음:コン, キン | 음:サイ | 음:サイ |
| 훈:くろい, くろ | 훈:いま | 훈: | 훈:ほそい, ほそる, こまか, こまかい |
| 黒板(コクバン 칠판)<br>黒い(くろい 검다)<br>黒(くろ 검정) | 今夜(コンヤ 오늘 밤)<br>今上(キンジョウ 현재의 천황)<br>今(いま 지금) | 才能(サイノウ 재능) | 詳細(ショウサイ 상세)<br>細い(ほそい 가늘다)<br>細る(ほそる 가늘어지다)<br>細かだ(こまかだ 작다, 섬세하다)<br>細かい(こまかい 작다, 자세하다) |

| | |
|---|---|
| **黒**<br>검을 흑<br>획수:11획<br>부수:黒<br>(제부수) | 丨 冂 冂 冃 里 甲 里 里 黒 黒 黒 黒　　　　　　　　　　黒<br>黒 黒 黒 黒 黒 黒 |
| **今**<br>이제 금<br>획수:4획<br>부수:人 | ノ 人 人 今<br>今 今 今 今 今 今 |
| **才**<br>재주 재<br>획수:3획<br>부수:手<br>(제부수) | 一 十 才<br>才 才 才 才 才 才 |
| **細**<br>가늘 세<br>획수:11획<br>부수:糸 | 乙 幺 幺 糸 糸 糸 糸 細 細 細 細<br>細 細 細 細 細 細 |

| 作 | 算 | 止 | 市 |
|---|---|---|---|
| 음:サク, サッ, サ | 음:サン | 음:シ | 음:シ |
| 훈:つくる | 훈: | 훈:とまる, とめる | 훈:いち |
| 作品(サクヒン 작품)<br>作家(サッカ 작가)<br>作業(サギョウ 작업)<br>作る(つくる 만들다) | 計算(ケイサン 계산) | 中止(チュウシ 중지)<br>止まる(とまる 멎다, 서다)<br>止める(とめる 세우다) | 市長(シチョウ 시장)<br>市(いち 장) |

---

**作**
만들 **작**
획수:7획
부수:人

ノ イ 仁 仁 竹 作 作

作 作 作 作 作 作

---

**算**
셈할 **산**
획수:14획
부수:竹

ノ ト ケ ケ 竹 竹 竹 笞 筲 筲 笪 算 算

算 算 算 算 算 算

---

**止**
그칠 **지**
획수:4획
부수:止
(제부수)

丨 ト 止 止

止 止 止 止 止 止

---

**市**
시장 **시**
획수:5획
부수:巾

丶 亠 亠 方 市

市 市 市 市 市 市

1. 観光 _____

2. 思考 _____

3. 行事 _____

4. 高速 _____

5. 黄白 _____

6. 合併 _____

7. 渓谷 _____

8. 国民 _____

9. 黒板 _____

10. 今夜 _____

11. 才能 _____

12. 詳細 _____

13. 作業 _____

14. 計算 _____

15. 止まる _____

16. 市長 _____

# Clip 05
## 초등학교 2학년 교육한자

**학습내용**

▍초등학교 2학년 교육한자 16자의 음, 訓 학습

▍해당한자와 관련된 단어학습과 쓰기연습

矢 姉 思 紙 寺 自 時 室 社 弱 首 秋 週 春 書 少

**학습목표**

▍초등학교 2학년 교육한자 16자의 음, 訓을 학습하여 이해할 수 있다.

▍해당한자와 관련된 단어학습과 쓰기연습을 통해 일본에서의 실생활에 활용할 수 있다.

| 矢 | 姉 | 思 | 紙 |
|---|---|---|---|
| 음:シ | 음:シ | 음:シ | 음:シ |
| 훈:や | 훈:あね | 훈:おもう | 훈:かみ |
| 一矢(イッシ 한 개의 화살)<br>矢(や 화살) | 姉妹(シマイ 자매)<br>姉(あね 누이, 언니) | 思想(シソウ 사상)<br>思う(おもう 생각하다) | 用紙(ヨウシ 용지)<br>紙(かみ 종이) |

| 矢<br><br>화살 시<br>획수:5획<br>부수:矢<br>(제부수) | ノ 눅 厂 午 矢 | | | | | |
|---|---|---|---|---|---|---|
| | 矢 | 矢 | 矢 | 矢 | 矢 | 矢 |

| 姉<br><br>누이 자<br>획수:8획<br>부수:女 | く 女 女 女 姉 姉 姉 姉 | | | | | |
|---|---|---|---|---|---|---|
| | 姉 | 姉 | 姉 | 姉 | 姉 | 姉 |

| 思<br><br>생각할 사<br>획수:9획<br>부수:心 | 丨 冂 冊 用 田 田 思 思 思 | | | | | |
|---|---|---|---|---|---|---|
| | 思 | 思 | 思 | 思 | 思 | 思 |

| 紙<br><br>종이 지<br>획수:10획<br>부수:糸 | く 幺 幺 乡 糸 糸 紅 紅 紙 紙 | | | | | |
|---|---|---|---|---|---|---|
| | 紙 | 紙 | 紙 | 紙 | 紙 | 紙 |

| 寺 | 自 | 時 | 室 |
|---|---|---|---|
| 음:ジ | 음:ジ, シ | 음:ジ | 음:シツ |
| 훈:てら | 훈:みずから | 훈:とき | 훈:むろ |
| 寺院(ジイン 사원)<br>寺(てら 절) | 自由(ジユウ 자유)<br>自然(シゼン 자연)<br>自ら(みずから 스스로, 몸소) | 時間(ジカン 시간)<br>時(とき 때) | 室内(シツナイ 실내)<br>室(むろ 실, 암굴) |

| 寺<br><br>절 **사**<br>획수:6획<br>부수:寸 | 一 十 士 圭 寺 寺 | 寺 | 寺 | 寺 | 寺寺寺 | | | |
|---|---|---|---|---|---|---|---|---|

| 自<br><br>스스로 **자**<br>획수:6획<br>부수:自 | ´ ⼃ 门 自 自 自 | 自 | 自 | 自 | 自自自 | | | |
|---|---|---|---|---|---|---|---|---|

| 時<br><br>때 **시**<br>획수:10획<br>부수:日 | l 冂 日 日 旷 旷 胩 胩 時 時 | 時 | 時 | 時 | 時時時 | | | |
|---|---|---|---|---|---|---|---|---|

| 室<br><br>집 **실**<br>획수:9획<br>부수:宀 | ´ ⼌ 宀 宀 宛 宛 宰 宰 室 | 室 | 室 | 室 | 室室室 | | | |
|---|---|---|---|---|---|---|---|---|

| 社 | 弱 | 首 | 秋 |
|---|---|---|---|
| 음:シャ | 음:ジャク | 음:シュ | 음:シュウ |
| 훈:やしろ | 훈:よわい, よわる, よわまる, よわめる | 훈:くび | 훈:あき |
| 社会(シャカイ 사회)<br>社(やしろ 신사) | 弱点(ジャクテン 약점)<br>弱い(よわい 약하다)<br>弱る(よわる 약해지다)<br>弱まる(よわまる 약해지다)<br>弱める(よわめる 약하게 하다,<br>약화시키다) | 首都(シュト 수도)<br>首(くび 목) | 秋分(シュウブン 추분)<br>秋(あき 가을) |

**社**
모일 **사**
획수:7획
부수:示/ネ

' ク ネ ネ ネ 社社　　　　社

社 社 社 ｜ 社 社 社

**弱**
약할 **약**
획수:10획
부수:弓

フ フ 弓 弓 弓 弱 弱 弱 弱 弱　　弱

弱 弱 弱 ｜ 弱 弱 弱

**首**
머리 **수**
획수:9획
부수:首
(제부수)

丶 丷 丷 半 产 首 首 首 首

首 首 首 ｜ 首 首 首

**秋**
가을 **추**
획수:9획
부수:禾

一 二 千 禾 禾 利 秒 秋 秋

秋 秋 秋 ｜ 秋 秋 秋

| 週 | 春 | 書 | 少 |
|---|---|---|---|
| 음:シュウ | 음:シュン | 음:ショ | 음:ショウ |
| 훈: | 훈:はる | 훈:かく | 훈:すくない, すこし |
| 今週(コンシュウ 이번 주) | 春分(シュンブン 춘분)<br>春(はる 봄) | 書店(ショテン 서점)<br>書く(かく 쓰다) | 少年(ショウネン 소년)<br>少ない(すくない 적다)<br>少し(すこし 조금, 약간) |

### 週
주일 주
획수:11획
부수:辶

丿 刀 月 冂 用 冃 周 周 凋 週 週　　週

週 週 週 | 週 週 週

### 春
봄 춘
획수:9획
부수:日

一 二 三 声 夫 表 春 春 春

春 春 春 | 春 春 春

### 書
쓸 서
획수:10획
부수:日

フ ユ ヨ ヨ 聿 聿 書 書 書 書

書 書 書 | 書 書 書

### 少
적을 소
획수:4획
부수:小

丿 小 小 少

少 少 少 | 少 少 少

1. 一矢 _____

2. 姉妹 _____

3. 思想 _____

4. 用紙 _____

5. 寺院 _____

6. 自然 _____

7. 時 _____

8. 室内 _____

9. 社 _____

10. 弱点 _____

11. 首都 _____

12. 秋分 _____

13. 今週 _____

14. 春分 _____

15. 書店 _____

16. 少ない _____

# Clip 01
# 초등학교 2학년 교육한자

▌ 초등학교 2학년 교육한자 16자의 音, 訓 학습

▌ 해당한자와 관련된 단어학습과 쓰기연습

場 色 食 心 新 親 図 数 西 声 星 晴 切 雪 船 線

▌ 초등학교 2학년 교육한자 16자의 音, 訓을 학습하여 이해할 수 있다.

▌ 해당한자와 관련된 단어학습과 쓰기연습을 통해 일본에서의 실생활에 활용할 수 있다.

| 場 | 色 | 食 | 心 |
|---|---|---|---|
| 음:ジョウ | 음:ショク, シキ | 음:ショク, ジキ | 음:シン |
| 훈:ば | 훈:いろ | 훈:くう, たべる, くらう | 훈:こころ |
| 会場(カイジョウ 회장)<br>場合(ばあい 경우) | 特色(トクショク 특색)<br>色感(シキカン 색감)<br>色(いろ 색) | 食事(ショクジ 식사)<br>断食(ダンジキ 단식)<br>食う(くう 먹다)<br>食べる(たべる 먹다)<br>食らう(くらう 먹다, 당하다) | 安心(アンシン 안심)<br>心(こころ 마음) |

| 場<br><br>마당 **장**<br>획수:12획<br>부수:土 | 一 十 土 坦 坦 坦 坦 坦 塌 場 場 場<br>場 場 場 場 場 場 |
|---|---|

| 色<br><br>색 **색**<br>획수:6획<br>부수:色<br>(제부수) | ⺈ ⺈ ⺈ 匂 色 色<br>色 色 色 色 色 色 |
|---|---|

| 食<br><br>먹을 **식**<br>획수:9획<br>부수:食<br>(제부수) | ⼈ ⼈ ⼈ 今 今 今 食 食 食<br>食 食 食 食 食 食 |
|---|---|

| 心<br><br>마음 **심**<br>획수:4획<br>부수:心<br>(제부수) | ⼂ 心 心 心<br>心 心 心 心 心 心 |
|---|---|

| 新 | 親 | 図 | 数 |
|---|---|---|---|
| 음:シン | 음:シン | 음:ズ,ト | 음:スウ,ス |
| 훈:あたらしい, あらた, にい | 훈:おや, したしい, したしむ | 훈:はかる | 훈:かず, かぞえる |
| 新聞(シンブン 신문)<br>新しい(あたらしい 새롭다)<br>新ただ(あらただ 새롭다)<br>新妻(にいづま 새색시) | 親戚(シンセキ 친척)<br>親(おや 부모)<br>親しい(したしい 친하다)<br>親しむ(したしむ 친하게 지내다) | 地図(チズ 지도)<br>意図(イト 의도)<br>図る(はかる 헤아리다, 짐작하다) | 数学(スウガク 수학)<br>数寄屋(スキヤ 다실)<br>数(かず 수)<br>数える(かぞえる 세다) |

**新** 새로울 **신**
획수:13획
부수:斤
`' 亠 亠 立 立 辛 辛 亲 亲 新 新 新`
新 新 新 　新 新 新

**親** 친할 **친**
획수:16획
부수:見
`' 亠 亠 立 立 辛 辛 亲 亲 新 新 新 新 新 親 親`
親 親 親 　親 親 親

**図** 그림 **도**
획수:7획
부수:口
`｜ 冂 冂 冈 図 図 図` 　　　　　　　　圖
図 図 図 　図 図 図

**数** 셀 **수**
획수:13획
부수:攵
`' 丶 亠 半 米 米 娄 娄 娄 娄 娄 数 数` 　　　　　數
数 数 数 　数 数 数

| 西 | 声 | 星 | 晴 |
|---|---|---|---|
| 음:セイ, サイ, ザイ | 음:セイ, ショウ | 음:セイ, ショウ | 음:セイ |
| 훈:にし | 훈:こえ, こわ | 훈:ほし | 훈:はれる, はらす |
| 西洋(セイヨウ 서양)<br>西海(サイカイ 서해)<br>東西(トウザイ 동서)<br>西(にし 서쪽) | 声明(セイメイ 성명)<br>声聞(ショウモン 부처의 설법을<br>듣고 깨달은 사람)<br>声(こえ 소리)<br>声色(こわいろ 음색, 성대묘사) | 星座(セイザ 별자리)<br>明星(ミョウジョウ 금성, 가장 뛰<br>어난 사람)<br>星(ほし 별) | 快晴(カイセイ 쾌청)<br>晴れる(はれる 날씨가 개다)<br>晴らす(はらす 개도록 하다, 풀다) |

| 西<br><br>서녘 서<br>획수:6획<br>부수:襾 | 一 丁 兀 丙 西 西 | | | | | | |
|---|---|---|---|---|---|---|---|
| | 西 | 西 | 西 | 西 | 西 | 西 | |

| 声<br><br>소리 성<br>획수:7획<br>부수:士 | 一 十 士 吉 吉 吉 声 | | | | | | 聲 |
|---|---|---|---|---|---|---|---|
| | 声 | 声 | 声 | 声 | 声 | 声 | |

| 星<br><br>별 성<br>획수:9획<br>부수:日 | 丨 冂 曰 日 尸 尸 戸 星 星 | | | | | | |
|---|---|---|---|---|---|---|---|
| | 星 | 星 | 星 | 星 | 星 | 星 | |

| 晴<br><br>개일 청<br>획수:12획<br>부수:日 | 丨 刂 冂 日 日 旷 旷 晴 晴 晴 晴 晴 | | | | | | 晴 |
|---|---|---|---|---|---|---|---|
| | 晴 | 晴 | 晴 | 晴 | 晴 | 晴 | |

| 切 | 雪 | 船 | 線 |
|---|---|---|---|
| 음:セツ, サイ | 음:セツ | 음:セン | 음:セン |
| 훈:きる, きれる | 훈:ゆき | 훈:ふね, ふな | 훈: |
| 親切(シンセツ 친절)<br>一切(イッサイ 일체)<br>切る(きる 자르다)<br>切れる(きれる 끊어지다, 예리하다) | 雪原(セツゲン 설원)<br>雪(ゆき 눈) | 乗船(ジョウセン 승선)<br>船(ふね 배)<br>船酔い(ふなよい 배 멀미) | 線路(センロ 선로) |

| | | | |
|---|---|---|---|
| 切<br><br>끊을 절<br>획수:4획<br>부수:刀 | 一 七 切 切 切 切 切 | 切 切 | |
| 雪<br><br>눈 설<br>획수:11획<br>부수:雨 | 一 厂 戸 雪 雪 雪 雪 雪 雪 雪 雪　　　雪 雪 雪 雪 | 雪 雪 | |
| 船<br><br>배 선<br>획수:11획<br>부수:舟 | ノ 刀 刀 舟 舟 舟 舟 舟 舟 船 船 船 船 船 | 船 船 | |
| 線<br><br>줄 선<br>획수:15획<br>부수:糸 | く 幺 幺 幺 糸 糸 糸 糸 糸 糸 紀 線 線 線 線 線 線 | 線 線 | |

1. 会場 _____
2. 色感 _____
3. 断食 _____
4. 安心 _____
5. 新妻 _____
6. 親戚 _____
7. 意図 _____
8. 数学 _____
9. 西洋 _____
10. 声明 _____
11. 星座 _____
12. 快晴 _____
13. 親切 _____
14. 雪原 _____
15. 乗船 _____
16. 線路 _____

# Clip 02
## 초등학교 2학년 교육한자

▍초등학교 2학년 교육한자 16자의 음, 訓 학습

▍해당한자와 관련된 단어학습과 쓰기연습

前 組 走 多 太 体 台 地 池 知 茶 昼 長 鳥 朝 直

▍초등학교 2학년 교육한자 16자의 음, 訓을 학습하여 이해할 수 있다.

▍해당한자와 관련된 단어학습과 쓰기연습을 통해 일본에서의 실생활에 활용할 수 있다.

| 前 | 組 | 走 | 多 |
|---|---|---|---|
| 음:ゼン | 음:ソ | 음:ソウ | 음:タ |
| 훈:まえ | 훈:くむ,くみ | 훈:はしる | 훈:おおい |
| 前後(ゼンゴ 전후)<br>前(まえ 앞) | 組織(ソシキ 조직)<br>組む(くむ 한패가 되다)<br>組合(くみあい 조합) | 走者(ソウシャ 주자)<br>走る(はしる 달리다) | 多少(タショウ 다소)<br>多い(おおい 많다) |

### 前
앞 전
획수:9획
부수:刀

丶丷broᄊ 前 前 前 前 前

前 前 前 | 前 前 前

### 組
짤 조
획수:11획
부수:糸

く 纟 幺 牟 糸 糸 糸 紅 組 組 組 組

組 組 組 | 組 組 組

### 走
달릴 주
획수:7획
부수:走
(제부수)

一 十 土 キ 丰 走 走

走 走 走 | 走 走 走

### 多
많을 다
획수:6획
부수:夕

ノ ク タ タ 多 多

多 多 多 | 多 多 多

| 太 | 体 | 台 | 地 |
|---|---|---|---|
| 음:タイ, タ | 음:タイ, テイ | 음:ダイ, タイ | 음:チ, ジ |
| 훈:ふとい, ふとる | 훈:からだ | 훈: | 훈: |
| 太平洋(タイヘイヨウ 태평양)<br>丸太(まるた 통나무)<br>太い(ふとい 굵다)<br>太る(ふとる 살찌다) | 体温(タイオン 체온)<br>体裁(テイサイ 체재)<br>体(からだ 몸) | 土台(ドダイ 토대)<br>台頭(タイトウ 대두) | 地球(チキュウ 지구)<br>地震(ジシン 지진) |

---

**太**
클 태
획수:4획
부수:大

一 ナ 大 太

太　太　太　太 太 太

---

**体**
몸 체
획수:7획
부수:人

ノ イ 亻 什 休 休 体　　　　　　　　體

体　体　体　体 体 体

---

**台**
누각 대
획수:5획
부수:口

ム ム 台 台 台　　　　　　　　臺

台　台　台　台 台 台

---

**地**
땅 지
획수:6획
부수:土

一 十 土 圫 地 地

地　地　地　地 地 地

| 池 | 知 | 茶 | 昼 |
|---|---|---|---|
| 음:チ | 음:チ | 음:チャ, サ | 음:チュウ |
| 훈:いけ | 훈:しる | 훈: | 훈:ひる |
| 電池(デンチ 전지)<br>池(いけ 연못) | 知識(チシキ 지식)<br>知る(しる 알다) | 茶色(チャいろ 다색, 갈색)<br>喫茶店(キッサテン 찻집) | 昼食(チュウショク 점심)<br>昼(ひる 낮) |

**池** 연못 지 획수:6획 부수:水
丶 丶 氵 汋 汕 池
池 池 池 池池池

**知** 알 지 획수:8획 부수:矢
丿 ㇏ 匕 乍 矢 知 知 知
知 知 知 知知知

**茶** 차 다 획수:9획 부수:艸
一 艹 艹 艹 苙 苙 茶 茶 茶
茶 茶 茶 茶茶茶

**昼** 낮 주 획수:9획 부수:日
フ コ ヨ 尸 尺 尽 昼 昼 昼
昼 昼 昼 昼昼昼

| 長 | 鳥 | 朝 | 直 |
|---|---|---|---|
| 음:チョウ | 음:チョウ | 음:チョウ | 음:チョク, ジキ |
| 훈:ながい | 훈:とり | 훈:あさ | 훈:ただちに, なおす, なおる |
| 長所(チョウショ 장점)<br>長い(ながい 길다) | 鳥類(チョウルイ 조류)<br>鳥(とり 새) | 朝刊(チョウカン 조간)<br>朝(あさ 아침) | 直後(チョクゴ 직후)<br>正直(ショウジキ 정직)<br>直ちに(ただちに 곧, 즉각)<br>直す(なおす 고치다)<br>直る(なおる 고쳐지다, 바로잡히다) |

**長**
길 **장**
획수:8획
부수:長
(제부수)

丨 厂 厂 F F 툐 長 長 長

長 長 長 長 長 長

**鳥**
새 **조**
획수:11획
부수:鳥
(제부수)

ノ 亻 冂 阜 阜 阜 鳥 鳥 鳥 鳥 鳥

鳥 鳥 鳥 鳥 鳥 鳥

**朝**
아침 **조**
획수:12획
부수:月

一 十 十 古 古 古 直 卓 朝 朝 朝 朝

朝 朝 朝 朝 朝 朝

**直**
곧을 **직**
획수:8획
부수:目

一 十 十 古 古 首 首 直

直 直 直 直 直 直

1. 前後 _____

2. 組合 _____

3. 走者 _____

4. 多少 _____

5. 太平洋 _____

6. 体裁 _____

7. 土台 _____

8. 地球 _____

9. 電池 _____

10. 知識 _____

11. 喫茶店 _____

12. 昼食 _____

13. 長所 _____

14. 鳥類 _____

15. 朝刊 _____

16. 正直 _____

# Clip 03
# 초등학교 2학년 교육한자

**학습내용**

▌ 초등학교 2학년 교육한자 16자의 음, 訓 학습
▌ 해당한자와 관련된 단어학습과 쓰기연습

通 弟 店 点 電 刀 冬 当 東 答 頭 同 道 読 内 南

**학습목표**

▌ 초등학교 2학년 교육한자 16자의 음, 訓을 학습하여 이해할 수 있다.
▌ 해당한자와 관련된 단어학습과 쓰기연습을 통해 일본에서의 실생활에 활용할 수 있다.

| 通 | 弟 | 店 | 点 |
|---|---|---|---|
| 음:ツウ, ツ | 음:ダイ, テイ, デ | 음:テン | 음:テン |
| 훈:とおる, とおす, かよう | 훈:おとうと | 훈:みせ | 훈: |
| 通行(ツウコウ 통행)<br>通夜(ツヤ 죽은 사람의 유해를<br>지키기 위해 밤샘)<br>通る(とおる 지나가다)<br>通す(とおす 통과시키다)<br>通う(かよう 다니다. 왕래하다) | 兄弟(キョウダイ 형제)<br>師弟(シテイ 사제)<br>弟子(デシ 제자)<br>弟(おとうと 남동생) | 店員(テンイン 점원)<br>店(みせ 가게) | 点線(テンセン 점선) |

---

**通**
통할 **통**
획수:10획
부수:辶

ヌ マ 丒 丙 甬 甬 甬 甬 通 通　　　通

通 通 通 | 通 通 通 | | | |

---

**弟**
아우 **제**
획수:7획
부수:弓

丶 丷 弟 弟 弟 弟 弟

弟 弟 弟 | 弟 弟 弟 | | | |

---

**店**
가게 **점**
획수:8획
부수:广

丶 亠 广 广 庐 庐 店 店

店 店 店 | 店 店 店 | | | |

---

**点**
점 **점**
획수:9획
부수:灬

丨 卜 广 片 占 占 卢 点 点　　　點

点 点 点 | 点 点 点 | | | |

| 電 | 刀 | 冬 | 当 |
|---|---|---|---|
| 음:デン | 음:トウ | 음:トウ | 음:トウ |
| 훈: | 훈:かたな | 훈:ふゆ | 훈:あたる, あてる |
| 電気(デンキ 전기) | 短刀(タントウ 단도)<br>刀(かたな 칼) | 冬季(トウキ 동계)<br>冬(ふゆ 겨울) | 当選(トウセン 당선)<br>当たる(あたる 맞다)<br>当てる(あてる 대다. 맞히다) |

| 電<br>번개 전<br>획수:13획<br>부수:雨 | 一 厂 厂 乕 雨 雨 雨 雨 雨 雷 雷 雷 電 |
|---|---|

電　電　電　　電　電　電

| 刀<br>칼 도<br>획수:2획<br>부수:刀<br>(제부수) | フ 刀 |
|---|---|

刀　刀　刀　　刀　刀　刀

| 冬<br>겨울 동<br>획수:5획<br>부수:冫 | ノ ク タ 冬 冬　　　　　　　　冬 |
|---|---|

冬　冬　冬　　冬　冬　冬

| 当<br>마땅할 당<br>획수:6획<br>부수:小 | 丨 丷 丷 当 当 当　　　　　　　當 |
|---|---|

当　当　当　　当　当　当

| 東 | 答 | 頭 | 同 |
|---|---|---|---|
| 음:トウ | 음:トウ | 음:トウ, ズ, ト | 음:ドウ |
| 훈:ひがし | 훈:こたえる, こたえ | 훈:あたま, かしら | 훈:おなじ |
| 東洋(トウヨウ 동양)<br>東(ひがし 동쪽) | 解答(カイトウ 해답)<br>答える(こたえる 대답하다)<br>答え(こたえ 대답) | 頭部(トウブ 머리부분)<br>頭巾(ズキン 두건)<br>音頭(オンド 선창)<br>頭(あたま 머리)<br>頭文字(かしらもじ 머리글자) | 同点(ドウテン 동점)<br>同じ(おなじ 같음, 동일) |

**東** 동녘 **동**
획수: 8획
부수: 木

一 丁 市 戸 百 申 東 東

東 東 東 | 東 東 東

**答** 대답할 **답**
획수: 12획
부수: 竹

丿 ㇇ ㇒ ㇒ 竹 竹 竻 笒 笒 筌 答 答

答 答 答 | 答 答 答

**頭** 머리 **두**
획수: 16획
부수: 頁

一 丆 币 可 亘 豆 豆 頭 頭 頭 頭 頭 頭 頭

頭 頭 頭 | 頭 頭 頭

**同** 같을 **동**
획수: 6획
부수: 口

丨 冂 冂 同 同 同

同 同 同 | 同 同 同

| 道 | 読 | 内 | 南 |
|---|---|---|---|
| 음:ドウ,トウ | 음:ドク,トク,トウ | 음:ナイ,ダイ | 음:ナン,ナ |
| 훈:みち | 훈:よむ | 훈:うち | 훈:みなみ |
| 道路(ドウロ 도로)<br>神道(シントウ 신도)<br>道(みち 길) | 読書(ドクショ 독서)<br>読本(トクホン 독본)<br>句読点(クトウテン 구두점)<br>読む(よむ 읽다) | 内部(ナイブ 내부)<br>境内(ケイダイ 경내)<br>内(うち 안, 속) | 南極(ナンキョク 남극)<br>南無(ナム 염불 시 외우는 말)<br>南(みなみ 남쪽) |

**道** 길 도 획수:12획 부수:辶

丶丷䒑䒑产首首首首道道 道

道 道 道 | 道 道 道

**読** 읽을 독 획수:14획 부수:言

一一言言言言言訂訂訪訪誌読 讀

読 読 読 | 読 読 読

**内** 안 내 획수:4획 부수:冂

丨冂内内 内

内 内 内 | 内 内 内

**南** 남녘 남 획수:9획 부수:十

一十十十南南南南南

南 南 南 | 南 南 南

1. 通行　_____
2. 弟子　_____
3. 店員　_____
4. 点線　_____
5. 電気　_____
6. 刀　_____
7. 冬季　_____
8. 当選　_____
9. 東洋　_____
10. 解答　_____
11. 頭巾　_____
12. 同点　_____
13. 神道　_____
14. 読本　_____
15. 境内　_____
16. 南極　_____

# Clip 04
## 초등학교 2학년 교육한자

**학습내용**

▌ 초등학교 2학년 교육한자 16자의 음, 訓 학습
▌ 해당한자와 관련된 단어학습과 쓰기연습

肉 馬 売 買 麦 半 番 父 風 分 聞 米 歩 母 方 北

**학습목표**

▌ 초등학교 2학년 교육한자 16자의 음, 訓을 학습하여 이해할 수 있다.
▌ 해당한자와 관련된 단어학습과 쓰기연습을 통해 일본에서의 실생활에 활용할 수 있다.

| 肉 | 馬 | 売 | 買 |
|---|---|---|---|
| 음:ニク | 음:バ | 음:バイ | 음:バイ |
| 훈: | 훈:うま, ま | 훈:うる | 훈:かう |
| 肉食(ニクショク 육식) | 乗馬(ジョウバ 승마)<br>馬(うま 말)<br>馬子(まご 마부) | 売店(バイテン 매점)<br>売る(うる 팔다) | 買収(バイシュウ 매수)<br>買う(かう 사다) |

| 肉<br><br>고기 **육**<br>획수:6획<br>부수: 肉<br>(제부수) | 丨 冂 内 内 肉 肉 |
|---|---|
| | 肉　肉　肉　肉 肉 肉 |

| 馬<br><br>말 **마**<br>획수:10획<br>부수:馬<br>(제부수) | 丨 厂 厂 厈 厈 馬 馬 馬 馬 馬 |
|---|---|
| | 馬　馬　馬　馬 馬 馬 |

| 売<br><br>팔 **매**<br>획수:7획<br>부수:士 | 一 十 士 声 声 声 売　　　　　　　賣 |
|---|---|
| | 売　売　売　売 売 売 |

| 買<br><br>살 **매**<br>획수:12획<br>부수:貝 | 丨 冂 冂 罒 罒 罒 罒 買 買 買 買 買 |
|---|---|
| | 買　買　買　買 買 買 |

| 麦 | 半 | 番 | 父 |
|---|---|---|---|
| 음:バク | 음:ハン | 음:バン | 음:フ |
| 훈:むぎ | 훈:なかば | 훈: | 훈:ちち |
| 麦芽(バクガ 맥아)<br>麦(むぎ 보리) | 半額(ハンガク 반액)<br>半ば(なかば 반, 중순) | 番号(バンゴウ 번호) | 祖父(ソフ 조부)<br>父(ちち 아버지) |

**麦**
보리 **맥**
획수:7획
부수:麦

一 二 丰 丰 声 麦 麦　　　　麥

麦 麦 麦 ｜ 麦 麦 麦

**半**
반 **반**
획수:5획
부수:十

丶 丷 兰 半　　　　牛

半 半 半 ｜ 半 半 半

**番**
차례 **번**
획수:12획
부수:田

一 ㇒ 厂 平 平 来 来 采 番 番 番

番 番 番 ｜ 番 番 番

**父**
아비 **부**
획수:4획
부수:父
(제부수)

ノ 八 グ 父

父 父 父 ｜ 父 父 父

| 風 | 分 | 聞 | 米 |
|---|---|---|---|
| 음:フウ, フ | 음:ブン, フン, ブ | 음:ブン, モン | 음:ベイ, マイ |
| 훈:かぜ, かざ | 훈:わける, わかれる, わかる, わかつ | 훈:きく, きこえる | 훈:こめ |
| 風力(フウリョク 풍력)<br>風情(フゼイ 풍치, 운치)<br>風(かぜ 바람)<br>風上(かざかみ 바람이 불어오는 쪽) | 分解(ブンカイ 분해), 二分(ニフン 2분), 五分五分(ゴブゴブ 비등함)<br>分ける(わける 나누다), 分かれる(わかれる 갈라지다, 나누어지다)<br>分かる(わかる 알다, 이해하다), 分かつ(わかつ 나누다) | 新聞(シンブン 신문)<br>前代未聞(ゼンダイミモン 전대미문)<br>聞く(きく 듣다)<br>聞こえる(きこえる 들리다) | 米国(ベイコク 미국)<br>白米(ハクマイ 백미)<br>米(こめ 쌀) |

| 風<br><br>바람 풍<br>획수:9획<br>부수:風<br>(제부수) | ノ 几 几 凡 凡 凡 風 風 風 |
|---|---|
| | 風 風 風 風 風 風 |

| 分<br><br>나눌 분<br>획수:4획<br>부수:刀 | ノ 八 今 分 |
|---|---|
| | 分 分 分 分 分 分 |

| 聞<br><br>들을 문<br>획수:14획<br>부수:耳 | l l' l'' l'' l'' l''' l'''' 門 門 門 問 問 閈 聞 聞 |
|---|---|
| | 聞 聞 聞 聞 聞 聞 |

| 米<br><br>쌀 미<br>획수:6획<br>부수:米<br>(제부수) | ` ` ` ` 半 米 米 |
|---|---|
| | 米 米 米 米 米 米 |

| 歩 | 母 | 方 | 北 |
|---|---|---|---|
| 음:ホ, ブ, フ | 음:ボ | 음:ホウ | 음:ホク |
| 훈:あるく, あゆむ | 훈:はは | 훈:かた | 훈:きた |
| 歩行(ホコウ 보행)<br>歩合(ブアイ 비율)<br>歩(フ 일본장기의 졸)<br>歩く(あるく 걷다)<br>歩む(あゆむ 걷다) | 母校(ボコウ 모교)<br>母(はは 어머니) | 方向(ホウコウ 방향)<br>方(かた 분) | 北上(ホクジョウ 북상)<br>北(きた 북쪽) |

**歩** 걸을 **보** 획수:8획 부수:止

丨 ⺊ ⺊ 歨 歨 歩 歩 歩　　　　歩

歩 歩 歩 歩 歩 歩

**母** 어미 **모** 획수:5획 부수:毋

乚 口 四 母 母

母 母 母 母 母 母

**方** 방향 **방** 획수:4획 부수:方

丶 亠 方 方

方 方 方 方 方 方

**北** 북녘 **북** 획수:5획 부수:匕

一 亅 十 北 北

北 北 北 北 北 北

1. 肉食 _____
2. 乗馬 _____
3. 売店 _____
4. 買収 _____
5. 麦芽 _____
6. 半ば _____
7. 番号 _____
8. 祖父 _____
9. 風上 _____
10. 五分五分 _____
11. 前代未聞 _____
12. 白米 _____
13. 歩む _____
14. 母校 _____
15. 方向 _____
16. 北上 _____

# Clip 05
# 초등학교 2학년 교육한자

▍ 초등학교 2학년 교육한자 16자의 音, 訓 학습

▍ 해당한자와 관련된 단어학습과 쓰기연습

毎 妹 万 明 鳴 毛 門 夜 野 友 用 曜 来 里 理 話

▍ 초등학교 2학년 교육한자 16자의 音, 訓을 학습하여 이해할 수 있다.

▍ 해당한자와 관련된 단어학습과 쓰기연습을 통해 일본에서의 실생활에 활용할 수 있다.

| 毎 | 妹 | 万 | 明 |
|---|---|---|---|
| 음:マイ | 음:マイ | 음:マン, バン | 음:メイ, ミョウ |
| 훈: | 훈:いもうと | 훈: | 훈:あかり, あかるい, あかるむ, あからむ, あきらか, あける, あく, あくる, あかす |
| 毎度(マイド 매번) | 姉妹(シマイ 자매)<br>妹(いもうと 여동생) | 万一(マンイチ 만일)<br>万事(バンジ 만사) | 明暗(メイアン 명암), 光明(コウミョウ 광명) 明かり(あかり 빛), 明るい(あかるい 밝다), 明るむ(あかるむ 밝아지다), 明らむ(あからむ 밝아오다), 明らか(あきらか 명확하다), 明ける(あける 날이 새다), 明く(あく 뜨이다), 明くる(あくる 다음의, 이틀의), 明かす(あかす 밝히다) |

---

| 毎<br><br>항상 **매**<br>획수:6획<br>부수:母 | ノ ´ ┌ 仁 与 毎 毎 | | | 毎 毎 毎 | | | | 毎 |
|---|---|---|---|---|---|---|---|---|
| | 毎 | 毎 | 毎 | | | | | |

| 妹<br><br>여동생 **매**<br>획수:8획<br>부수:女 | し 女 女 女┌ 女┌ 妹 妹 妹 | | | 妹 妹 妹 | | | | |
|---|---|---|---|---|---|---|---|---|
| | 妹 | 妹 | 妹 | | | | | |

| 万<br><br>일만 **만**<br>획수:3획<br>부수:一 | 一 フ 万 | | | 万 万 万 | | | | 萬 |
|---|---|---|---|---|---|---|---|---|
| | 万 | 万 | 万 | | | | | |

| 明<br><br>밝을 **명**<br>획수:8획<br>부수:日 | l 冂 日 日 日┌ 明 明 明 | | | 明 明 明 | | | | |
|---|---|---|---|---|---|---|---|---|
| | 明 | 明 | 明 | | | | | |

| 鳴 | 毛 | 門 | 夜 |
|---|---|---|---|
| 음:メイ | 음:モウ | 음:モン | 음:ヤ |
| 훈:なく, なる, ならす | 훈:け | 훈:かど | 훈:よ, よる |
| 悲鳴(ヒメイ 비명)<br>鳴く(なく 울다)<br>鳴る(なる 울리다)<br>鳴らす(ならす 울리다, 소리를 내다) | 毛根(モウコン 모근)<br>毛(け 털) | 名門(メイモン 명문)<br>門出(かどで 집을 나섬, 여행을 떠남) | 夜間(ヤカン 야간)<br>夜空(よぞら 밤하늘)<br>夜(よる 밤) |

---

**鳴**
울 명
획수:14획
부수:鳥

丨 冂 冂 冂 叮 呬 呬 呬 呵 鳴 鳴 鳴 鳴 鳴

鳴 鳴 鳴 鳴 鳴 鳴

---

**毛**
털 모
획수:4획
부수:毛
(제부수)

一 二 三 毛

毛 毛 毛 毛 毛 毛

---

**門**
문 문
획수:8획
부수:門
(제부수)

丨 冂 冂 門 門 門 門 門

門 門 門 門 門 門

---

**夜**
밤 야
획수:8획
부수:夕

丶 亠 广 产 夜 夜 夜 夜

夜 夜 夜 夜 夜 夜

| 野 | 友 | 用 | 曜 |
|---|---|---|---|
| 음:ヤ | 음:ユウ | 음:ヨウ | 음:ヨウ |
| 훈:の | 훈:とも | 훈:もちいる | 훈: |
| 野球(ヤキュウ 야구)<br>野原(のはら 들, 들판) | 友情(ユウジョウ 우정)<br>友達(ともだち 친구) | 用事(ヨウジ 볼일, 용건)<br>用いる(もちいる 쓰다, 사용하다) | 曜日(ヨウビ 요일) |

| 野 | 丨 冂 日 日 甲 里 里 野 野 野 野 |
|---|---|
| 들 야<br>획수:11획<br>부수:里 | 野 野 野 野 野 野 |

| 友 | 一 ナ 方 友 |
|---|---|
| 벗 우<br>획수:4획<br>부수:又 | 友 友 友 友 友 友 |

| 用 | 丿 冂 月 月 用 |
|---|---|
| 쓸 용<br>획수:5획<br>부수:用<br>(제부수) | 用 用 用 用 用 用 |

| 曜 | 丨 冂 日 日 日 日 日 日 日 日 日 日 日 日 日 曜 曜 |
|---|---|
| 요일 요<br>획수:18획<br>부수:日 | 曜 曜 曜 曜 曜 曜 |

| 来 | 里 | 理 | 話 |
|---|---|---|---|
| 음:ライ | 음:リ | 음:リ | 음:ワ |
| 훈:くる, きたる, きたす | 훈:さと | 훈: | 훈:はなす, はなし |
| 未来(ミライ 미래)<br>来る(くる 오다)<br>来る(きたる 오는, 이번)<br>来す(きたす 초래하다) | 千里眼(センリガン 천리안)<br>里(さと 마을) | 理解(リカイ 이해) | 話題(ワダイ 화제)<br>話す(はなす 말하다)<br>話(はなし 이야기) |

| | | |
|---|---|---|
| **来**<br>올 래<br>획수:7획<br>부수:木 | 一 ㄷ ㄷ ㅍ 來 来 来　　　　　　　　　　　　來<br>来 来 来　来 来 来 | |
| **里**<br>마을 리<br>획수:7획<br>부수:里 | 丨 冂 日 日 甲 甲 里<br>里 里 里　里 里 里 | |
| **理**<br>이치 리<br>획수:11획<br>부수:王 | 一 丁 王 王 玾 玾 玾 玾 理 理 理<br>理 理 理　理 理 理 | |
| **話**<br>말씀 화<br>획수:13획<br>부수:言 | 一 二 三 言 言 言 訂 話 話 話 話 話<br>話 話 話　話 話 話 | |

1. 毎度 _____

2. 妹 _____

3. 万事 _____

4. 光明 _____

5. 悲鳴 _____

6. 毛根 _____

7. 門出 _____

8. 夜間 _____

9. 野原 _____

10. 友情 _____

11. 用事 _____

12. 曜日 _____

13. 未来 _____

14. 千里眼 _____

15. 理解 _____

16. 話題 _____

# Clip 01
# 초등학교 3학년 교육한자

▎초등학교 3학년 교육한자 16자의 音, 訓 학습

▎해당한자와 관련된 단어학습과 쓰기연습

悪 安 暗 医 委 意 育 員 院 飲 運 泳 駅 央 横 屋

▎초등학교 3학년 교육한자 16자의 音, 訓을 학습하여 이해할 수 있다.

▎해당한자와 관련된 단어학습과 쓰기연습을 통해 일본에서의 실생활에 활용할 수 있다.

| 悪 | 安 | 暗 | 医 |
|---|---|---|---|
| 음:アク, オ | 음:アン | 음:アン | 음:イ |
| 훈:わるい | 훈:やすい | 훈:くらい | 훈: |
| 悪人(アクニン 악인)<br>悪寒(オカン 오한)<br>悪い(わるい 나쁘다) | 安全(アンゼン 안전)<br>安い(やすい 쉽다) | 暗号(アンゴウ 암호)<br>暗い(くらい 어둡다) | 医者(イシャ 의사) |

**悪**
악할 **악**
획수:11획
부수:心

一 厂 戸 戸 申 亜 亜 悪 悪 悪 悪　　　　悪

悪 悪 悪 | 悪 悪 悪 | | |

**安**
편안할 **안**
획수:6획
부수:宀

丶 丷 宀 灾 安 安

安 安 安 | 安 安 安 | | |

**暗**
어두울 **암**
획수:13획
부수:日

丨 冂 冃 日 日' 旷 旷 旷 晖 晖 暗 暗 暗

暗 暗 暗 | 暗 暗 暗 | | |

**医**
의원 **의**
획수:7획
부수:匸

一 厂 戸 戸 至 医 医　　　　醫

医 医 医 | 医 医 医 | | |

| 委 | 意 | 育 | 員 |
|---|---|---|---|
| 음:イ | 음:イ | 음:イク | 음:イン |
| 훈:ゆだねる, まかせる | 훈: | 훈:そだつ, そだてる | 훈: |
| 委員(イイン 위원)<br>委ねる(ゆだねる 맡기다)<br>任せる(まかせる 맡기다) | 意味(イミ 의미) | 育児(イクジ 육아)<br>育つ(そだつ 자라다)<br>育てる(そだてる 기르다, 양육하다) | 満員(マンイン 만원) |

| 委<br><br>맡길 위<br>획수:8획<br>부수:女 | 一 二 千 千 禾 禿 委 委 |
|---|---|

委 委 委 委 委 委

| 意<br><br>뜻 의<br>획수:13획<br>부수:心 | 丶 亠 亠 立 立 产 产 音 音 意 意 意 |
|---|---|

意 意 意 意 意 意

| 育<br><br>기를 육<br>획수:8획<br>부수:月 | 丶 亠 亠 产 育 育 育 |
|---|---|

育 育 育 育 育 育

| 員<br><br>사람 원<br>획수:10획<br>부수:口 | 丨 冂 冂 冂 員 員 員 員 員 員 |
|---|---|

員 員 員 員 員 員

| 院 | 飲 | 運 | 泳 |
|---|---|---|---|
| 음:イン | 음:イン | 음:ウン | 음:エイ |
| 훈: | 훈:のむ | 훈:はこぶ | 훈:およぐ |
| 病院(ビョウイン 병원) | 飲料(インリョウ 음료)<br>飲む(のむ 마시다) | 運転(ウンテン 운전)<br>運ぶ(はこぶ 옮기다) | 水泳(スイエイ 수영)<br>泳ぐ(およぐ 수영하다) |

### 院
집 원
획수:10획
부수:阝

` ⁊ 阝 阝 阝 阝 �2 阼 陓 陓 院

院 院 院 院 院 院

### 飲
마실 음
획수:12획
부수:食

丿 𠆢 𠆢 𠆢 仐 仒 𠋲 食 食 飣 飮 飲　　飲

飲 飲 飲 飲 飲 飲

### 運
옮길 운
획수:12획
부수:辶

' ' 冖 冖 冃 冒 冒 宣 軍 軍 運 運　　運

運 運 運 運 運 運

### 泳
헤엄칠 영
획수:8획
부수:水

丶 丶 氵 氵 汀 汈 汯 泳

泳 泳 泳 泳 泳 泳

| 駅 | 央 | 横 | 屋 |
|---|---|---|---|
| 음:エキ | 음:オウ | 음:オウ | 음:オク |
| 훈: | 훈: | 훈:よこ | 훈:や |
| 駅員(エキイン 역원) | 中央(チュウオウ 중앙) | 横断(オウダン 횡단)<br>横(よこ 가로) | 屋外(オクガイ 옥외)<br>屋根(やね 지붕) |

**駅**

역 **역**
획수:14획
부수:馬

｜ 厂 厂 厂 厂 厂 馬 馬 馬 馬 馬 馬 駅 駅 駅　　　　驛

**央**

가운데 **앙**
획수:5획
부수:大

｜ 冂 冂 央 央

**横**

가로 **횡**
획수:15획
부수:木

一 十 十 才 木 栉 栉 栉 栉 栉 栉 栉 構 横 横　　　　横

**屋**

집 **옥**
획수:9획
부수:尸

フ コ ア 尸 尸 尸 层 居 屋

1. 悪寒 _____
2. 安全 _____
3. 暗号 _____
4. 医者 _____
5. 委ねる _____
6. 意味 _____
7. 育児 _____
8. 満員 _____
9. 病院 _____
10. 飲料 _____
11. 運ぶ _____
12. 水泳 _____
13. 駅員 _____
14. 中央 _____
15. 横断 _____
16. 屋根 _____

# Clip 02
## 초등학교 3학년 교육한자

**학습내용**

▌ 초등학교 3학년 교육한자 16자의 音, 訓 학습

▌ 해당한자와 관련된 단어학습과 쓰기연습

温 化 荷 界 開 階 寒 感 漢 館 岸 起 期 客 究 急

**학습목표**

▌ 초등학교 3학년 교육한자 16자의 音, 訓을 학습하여 이해할 수 있다.

▌ 해당한자와 관련된 단어학습과 쓰기연습을 통해 일본에서의 실생활에 활용할 수 있다.

| 温 | 化 | 荷 | 界 |
|---|---|---|---|
| 음:オン | 음:カ, ケ | 음:カ | 음:カイ |
| 훈:あたたか, あたたかい, あたたまる, あたためる | 훈:ばける, ばかす | 훈:になう | 훈: |
| 温度(オンド 온도)<br>温か(あたたか 따뜻함)<br>温かい(あたたかい 따뜻하다)<br>温まる(あたたまる 따뜻해지다)<br>温める(あたためる 데우다) | 文化(ブンカ 문화)<br>化粧(ケショウ 화장)<br>化ける(ばける 둔갑하다)<br>化かす(ばかす 호리다, 속이다) | 入荷(ニュウカ 입하)<br>荷物(にもつ 짐, 화물) | 世界(セカイ 세계) |

| 温<br><br>따뜻할 **온**<br>획수:12획<br>부수:水 | 丶 丶 氵 氵 沪 沪 泪 沪 渭 渭 渭 温 温　　温 |
|---|---|
| | 温 温 温 ／ 温 温 温 |

| 化<br><br>될 **화**<br>획수:4획<br>부수:匕 | ／ イ イ 化 |
|---|---|
| | 化 化 化 ／ 化 化 化 |

| 荷<br><br>짐 **하**<br>획수:11획<br>부수:艸 | 一 艹 艹 艹 芢 芢 芢 荷 荷 荷 |
|---|---|
| | 荷 荷 荷 ／ 荷 荷 荷 |

| 界<br><br>경계 **계**<br>획수:9획<br>부수:田 | 丨 冂 冂 田 田 界 昇 界 界 |
|---|---|
| | 界 界 界 ／ 界 界 界 |

| 開 | 階 | 寒 | 感 |
|---|---|---|---|
| 음:カイ | 음:カイ | 음:カン | 음:カン |
| 훈:ひらく, ひらける, あく, あける | 훈: | 훈:さむい | 훈: |
| 開会(カイカイ 개회)<br>開く(ひらく 열다)<br>開ける(ひらける 열리다)<br>開く(あく 열리다)<br>開ける(あける 열다) | 階段(カイダン 계단) | 寒波(カンパ 한파)<br>寒い(さむい 춥다) | 感覚(カンカク 감각) |

| 開 | 丨 冂 冂 冃 冃 冃 門 門 門 門 閂 開 開 |
|---|---|
| 열 개<br>획수:12획<br>부수:門 | 開 開 開 開 開 開 |

| 階 | 阝 阝 阝 阝 阠 階 階 階 階 階 |
|---|---|
| 계단 계<br>획수:12획<br>부수:阝 | 階 階 階 階 階 階 |

| 寒 | 宀 宀 宁 宝 审 窖 寒 寒 寒 寒　　　　　　　　　　寒 |
|---|---|
| 찰 한<br>획수:12획<br>부수:宀 | 寒 寒 寒 寒 寒 寒 |

| 感 | 厂 厂 厂 咸 咸 咸 咸 咸 感 感 感 |
|---|---|
| 느낄 감<br>획수:13획<br>부수:心 | 感 感 感 感 感 感 |

| 漢 | 館 | 岸 | 起 |
|---|---|---|---|
| 음:カン | 음:カン | 음:ガン | 음:キ |
| 훈: | 훈: | 훈:きし | 훈:おきる, おこる, おこす |
| 漢字(カンジ 한자) | 図書館(トショカン 도서관) | 対岸(タイガン 건너편 언덕)<br>岸(きし 언덕) | 起点(キテン 기점)<br>起きる(おきる 일어나다)<br>起こる(おこる 발생하다, 기인하다)<br>起こす(おこす 세우다, 깨우다) |

| 漢<br><br>한나라 **한**<br>획수:13획<br>부수:水 | ` ` ` ` 氵 氵 氵 汁 汁 汁 汁 漢 漢 漢 漢 |
|---|---|
| | 漢 漢 漢 漢 漢 漢 |

| 館<br><br>집 **관**<br>획수:16획<br>부수:食 | ノ 个 个 今 今 今 食 食 食 食 食 館 館 館 館 館　　　　館 |
|---|---|
| | 館 館 館 館 館 館 |

| 岸<br><br>언덕 **안**<br>획수:8획<br>부수:山 | ` 屮 屮 屵 岸 岸 岸 岸 |
|---|---|
| | 岸 岸 岸 岸 岸 岸 |

| 起<br><br>일어날 **기**<br>획수:10획<br>부수:走 | 一 十 土 キ 丰 走 走 起 起 起 |
|---|---|
| | 起 起 起 起 起 起 |

| 期 | 客 | 究 | 急 |
|---|---|---|---|
| 음:キ, ゴ | 음:キャク, カク | 음:キュウ | 음:キュウ |
| 훈: | 훈: | 훈:きわめる | 훈:いそぐ |
| 期間(キカン 기간)<br>最期(サイゴ 최후, 임종) | 客室(キャクシツ 객실)<br>旅客(リョカク 여객) | 研究(ケンキュウ 연구)<br>究める(きわめる 규명하다, 터득하다) | 急行(キュウコウ 급행)<br>急ぐ(いそぐ 서두르다) |

**期**

기간 **기**
획수:12획
부수:月

一 十 卅 卅 甘 甘 其 其 期 期 期 期

期 期 期 期 期 期

**客**

손님 **객**
획수:9획
부수:宀

丶 冖 宀 宀 灾 灾 客 客 客

客 客 客 客 客 客

**究**

연구할 **구**
획수:7획
부수:穴

丶 冖 宀 灾 究 究 究

究 究 究 究 究 究

**急**

급할 **급**
획수:9획
부수:心

丿 刀 夕 刍 刍 刍 急 急 急

急 急 急 急 急 急

1. 温度　_____
2. 化粧　_____
3. 荷物　_____
4. 世界　_____
5. 開会　_____
6. 階段　_____
7. 寒い　_____
8. 感覚　_____
9. 漢字　_____
10. 図書館　_____
11. 岸　_____
12. 起こる　_____
13. 最期　_____
14. 客室　_____
15. 究める　_____
16. 急行　_____

# Clip 03
# 초등학교 3학년 교육한자

**학습내용**

▍초등학교 3학년 교육한자 16자의 音, 訓 학습

▍해당한자와 관련된 단어학습과 쓰기연습

級 宮 球 去 橋 業 曲 局 銀 区 苦 具 君 係 軽 血

**학습목표**

▍초등학교 3학년 교육한자 16자의 音, 訓을 학습하여 이해할 수 있다.

▍해당한자와 관련된 단어학습과 쓰기연습을 통해 일본에서의 실생활에 활용할 수 있다.

| 級 | 宮 | 球 | 去 |
|---|---|---|---|
| 음:キュウ | 음:キュウ, グウ | 음:キュウ | 음:キョ, コ |
| 훈: | 훈:みや | 훈:たま | 훈:さる |
| 高級(コウキュウ 고급) | 王宮(オウキュウ 왕궁)<br>神宮(ジングウ 신궁)<br>宮(みや 궁정, 황족이 사는 집) | 球根(キュウコン 구근)<br>球(たま 구슬) | 去年(キョネン 작년)<br>過去(カコ 과거)<br>去る(さる 떠나다, 사라지다) |

**級** 　ㄑ ㄠ ㄠ ㅤ糸 糸 紗 紹 紗 級
등급 **급**
획수:9획
부수:糸

級　級　級　級　級　級

**宮** 　ㆍ ㆍㆍㆍ ㄚ ㄚ 宀 宫 宫 宫 宫 宮
궁궐 **궁**
획수:10획
부수:宀

宮　宮　宮　宮　宮　宮

**球** 　一 丁 干 王 玌 玎 坪 玤 球 球 球
공 **구**
획수:11획
부수:王

球　球　球　球　球　球

**去** 　一 十 土 去 去
갈 **거**
획수:5획
부수:厶

去　去　去　去　去　去

| 橋 | 業 | 曲 | 局 |
|---|---|---|---|
| 음:キョウ | 음:ギョウ, ゴウ | 음:キョク | 음:キョク |
| 훈:はし | 훈:わざ | 훈:まがる, まげる | 훈: |
| 鉄橋(テッキョウ 철교)<br>橋(はし 다리) | 業界(ギョウカイ 업계)<br>自業自得(ジゴウジトク 자업자득)<br>神業(かみわざ 귀신 같은 솜씨) | 曲線(キョクセン 곡선)<br>曲がる(まがる 구부러지다)<br>曲げる(まげる 구부리다) | 局長(キョクチョウ 국장) |

**橋**
다리 교
획수:16획
부수:木

一 十 木 木 杧 杧 杦 柝 杦 橋 橋 橋 橋 橋 橋

橋 橋 橋 | 橋 橋 橋

**業**
업 업
획수:13획
부수:木

业 业 业 業 業 業 業 業 業 業 業 業

業 業 業 | 業 業 業

**曲**
굽을 곡
획수:6획
부수:日

丨 冂 冃 由 曲 曲

曲 曲 曲 | 曲 曲 曲

**局**
부분 국
획수:7획
부수:尸

一 コ コ 尸 月 局 局 局

局 局 局 | 局 局 局

| 銀 | 区 | 苦 | 具 |
|---|---|---|---|
| 음:ギン | 음:ク | 음:ク | 음:グ |
| 훈: | 훈: | 훈:くるしい, くるしむ, くるしめる, にがい, にがる | 훈: |
| 銀行(ギンコウ 은행) | 区別(クベツ 구별) | 苦痛(クツウ 고통)<br>苦しい(くるしい 괴롭다)<br>苦しむ(くるしむ 시달리다)<br>苦しめる(くるしめる 괴롭히다)<br>苦い(にがい 쓰다)<br>苦る(にがる 못마땅하다) | 道具(ドウグ 도구) |

**銀**
은 은
획수:14획
부수:金

ノ ト ヒ 乍 牟 牟 余 金 釘 釘 鈤 鈤 銀 銀

銀　銀　銀　銀　銀　銀

**区**
나눌 구
획수:4획
부수:匚

一 フ ㄨ 区　　　　　　　　　　　　　區

区　区　区　区　区　区

**苦**
괴로울 고
획수:8획
부수:艸

一 十 艹 芦 苦 苦 苦 苦　　　　　　　　苦

苦　苦　苦　苦　苦　苦

**具**
갖출 구
획수:8획
부수:八

l ⊓ 冂 冃 月 目 且 具 具　　　　　　　具

具　具　具　具　具　具

| 君 | 係 | 軽 | 血 |
|---|---|---|---|
| 음:クン | 음:ケイ | 음:ケイ | 음:ケツ |
| 훈:きみ | 훈:かかる, かかり | 훈:かるい, かろやか | 훈:ち |
| 君子(クンシ 군자)<br>君(きみ 자네, 군주) | 関係(カンケイ 관계)<br>係る(かかる 관련되다, 관계되다)<br>係長(かかりちょう 계장) | 軽量(ケイリョウ 경량)<br>軽い(かるい 가볍다)<br>軽やか(かろやか 경쾌함, 경솔함) | 血液(ケツエキ 혈액)<br>血(ち 피) |

---

**君**
임금 **군**
획수:7획
부수:口

ㄱ ㄱ ㅋ 尹 君 君 君

君 君 君 君 君 君

---

**係**
계 **계**
획수:9획
부수:人

ノ イ イ 仃 侄 侄 停 係 係

係 係 係 係 係 係

---

**軽**
가벼울 **경**
획수:12획
부수:車

一 � 戸 戸 百 亘 車 軒 軽 軽 軽 軽　　　　軽

軽 軽 軽 軽 軽 軽

---

**血**
피 **혈**
획수:6획
부수:血
(제부수)

ノ ナ 台 血 血 血

血 血 血 血 血 血

1. 高級 _____
2. 神宮 _____
3. 球根 _____
4. 過去 _____
5. 鉄橋 _____
6. 業界 _____
7. 曲線 _____
8. 局長 _____
9. 銀行 _____
10. 区別 _____
11. 苦痛 _____
12. 道具 _____
13. 君 _____
14. 係長 _____
15. 軽量 _____
16. 血液 _____

# Clip 04
# 초등학교 3학년 교육한자

**학습내용**

▌초등학교 3학년 교육한자 16자의 音, 訓 학습
▌해당한자와 관련된 단어학습과 쓰기연습

決 研 県 庫 湖 向 幸 港 号 根 祭 皿 仕 死 使 始

**학습목표**

▌초등학교 3학년 교육한자 16자의 音, 訓을 학습하여 이해할 수 있다.
▌해당한자와 관련된 단어학습과 쓰기연습을 통해 일본에서의 실생활에 활용할 수 있다.

| 決 | 研 | 県 | 庫 |
|---|---|---|---|
| 음:ケツ | 음:ケン | 음:ケン | 음:コ, ク |
| 훈:きめる, きまる | 훈:とぐ | 훈: | 훈: |
| 決意(ケツイ 결의)<br>決心(ケッシン 결심)<br>決める(きめる 정하다)<br>決まる(きまる 정해지다, 결정되다) | 研究(ケンキュウ 연구)<br>研ぐ(とぐ 갈다) | 県(ケン 현, 일본 행정구역의 하나) | 金庫(キンコ 금고)<br>庫裏(クリ 절의 부엌이나 승려의 거처) |

**決** 정할 **결**
획수:7획
부수:水
丶 丶 冫 氵 沪 決 決

**研** 연구할 **연**
획수:9획
부수:石
一 ァ イ 石 石 石 矿 研 研      研

**県** 고을 **현**
획수:9획
부수:目
丨 冂 冃 冃 目 目 旦 県 県 県      縣

**庫** 창고 **고**
획수:10획
부수:广
丶 宀 广 广 广 庐 庐 庐 直 庫

| 湖 | 向 | 幸 | 港 |
|---|---|---|---|
| 음:コ | 음:コウ | 음:コウ | 음:コウ |
| 훈:みずうみ | 훈:むく, むける, むかう, むこう | 훈:さいわい, しあわせ, さち | 훈:みなと |
| 湖水(コスイ 호수)<br>湖(みずうみ 호수) | 方向(ホウコウ 방향)<br>向く(むく 향하다)<br>向ける(むける 향하게 하다)<br>向かう(むかう 향하다)<br>向こう(むこう 저쪽, 맞은 편) | 幸福(コウフク 행복)<br>幸い(さいわい 다행, 행복)<br>幸せ(しあわせ 행복)<br>幸(さち 자연의 산물) | 空港(クウコウ 공항)<br>港(みなと 항구) |

**湖**
호수 **호**
획수:12획
부수:水

丶 氵 氵 氵 汁 汁 汁 沽 沽 油 湖 湖 湖

湖　湖　湖　湖 湖 湖

**向**
향할 **향**
획수:6획
부수:口

丿 丆 冂 冋 向 向

向　向　向　向 向 向

**幸**
행복할 **행**
획수:8획
부수:干

一 十 土 去 去 卖 幸 幸

幸　幸　幸　幸 幸 幸

**港**
항구 **항**
획수:12획
부수:水

丶 氵 氵 氵 汁 泄 洪 浒 洪 洪 洪 港

港　港　港　港 港 港

| 号 | 根 | 祭 | 皿 |
|---|---|---|---|
| 음:ゴウ | 음:コン | 음:サイ | 음: |
| 훈: | 훈:ね | 훈:まつる, まつり | 훈:さら |
| 信号(シンゴウ 신호) | 根本(コンポン 근본)<br>根(ね 뿌리) | 祭典(サイテン 제전)<br>祭る(まつる 제사 지내다, 모시다)<br>祭り(まつり 축제) | 皿(さら 접시) |

**号** 부르짖을 **호**
획수:5획
부수:口

丨 冂 口 昙 号　　　　　　　　號

号 号 号 号 号 号

**根** 뿌리 **근**
획수:10획
부수:木

一 十 才 木 朾 杁 杛 柅 根 根

根 根 根 根 根 根

**祭** 제사 **제**
획수:11획
부수:示

ノ ク タ タ タ 外 奴 奴 夽 祭 祭

祭 祭 祭 祭 祭 祭

**皿** 그릇 **명**
획수:5획
부수:皿

丨 冂 冊 皿 皿

皿 皿 皿 皿 皿 皿

| 仕 | 死 | 使 | 始 |
|---|---|---|---|
| 음:シ, ジ | 음:シ | 음:シ | 음:シ |
| 훈:つかえる | 훈:しぬ | 훈:つかう | 훈:はじめる, はじまる |
| 仕事(シゴト 일)<br>給仕(キュウジ 급사)<br>仕える(つかえる 시중들다,<br>섬기다) | 生死(セイシ 생사)<br>死ぬ(しぬ 죽다) | 使用(シヨウ 사용)<br>使う(つかう 쓰다, 사용하다) | 原始(ゲンシ 원시)<br>始める(はじめる 시작하다)<br>始まる(はじまる 시작되다) |

| 仕<br><br>섬길 사<br>획수:5획<br>부수:人 | ノ イ 仁 什 仕 | | | | | | |
|---|---|---|---|---|---|---|---|
| | 仕 | 仕 | 仕 | 仕 | 仕 | 仕 | |

| 死<br><br>죽을 사<br>획수:6획<br>부수:歹 | 一 ア オ タ 死 死 | | | | | | |
|---|---|---|---|---|---|---|---|
| | 死 | 死 | 死 | 死 | 死 | 死 | |

| 使<br><br>부릴 사<br>획수:8획<br>부수:人 | ノ イ 仁 仁 仨 仨 使 使 | | | | | | |
|---|---|---|---|---|---|---|---|
| | 使 | 使 | 使 | 使 | 使 | 使 | |

| 始<br><br>처음 시<br>획수:8획<br>부수:女 | く 女 女 女 女 始 始 始 | | | | | | |
|---|---|---|---|---|---|---|---|
| | 始 | 始 | 始 | 始 | 始 | 始 | |

1.  決意　_____

2.  研ぐ　_____

3.  県　_____

4.  金庫　_____

5.  湖水　_____

6.  方向　_____

7.  幸福　_____

8.  港　_____

9.  信号　_____

10. 根本　_____

11. 祭典　_____

12. 皿　_____

13. 仕える　_____

14. 生死　_____

15. 使用　_____

16. 原始　_____

# Clip 05
## 초등학교 3학년 교육한자

**학습내용**

▌ 초등학교 3학년 교육한자 16자의 음, 訓 학습

▌ 해당한자와 관련된 단어학습과 쓰기연습

指 歯 詩 次 事 持 式 実 写 者 主 守 取 酒 受 州

**학습목표**

▌ 초등학교 3학년 교육한자 16자의 음, 訓을 학습하여 이해할 수 있다.

▌ 해당한자와 관련된 단어학습과 쓰기연습을 통해 일본에서의 실생활에 활용할 수 있다.

| 指 | 歯 | 詩 | 次 |
|---|---|---|---|
| 음:シ | 음:シ | 음:シ | 음:ジ, シ |
| 훈:ゆび, さす | 훈:は | 훈: | 훈:つぐ, つぎ |
| 指定(シテイ 지정)<br>指(ゆび 손가락)<br>指す(さす 가리키다) | 乳歯(ニュウシ 유치)<br>歯(は 이, 이빨) | 詩集(シシュウ 시집) | 目次(モクジ 목차)<br>次第(シダイ 순서, 절차)<br>次ぐ(つぐ 뒤따르다)<br>次ぎ(つぎ 다음) |

### 指
손가락 **지**
획수:9획
부수:手

一 十 才 才 扩 扩 指 指 指

指 指 指 指 指 指

### 歯
이 **치**
획수:12획
부수:歯

丨 上 止 止 歩 歩 歩 芣 芣 莱 菌 歯　　　歯

歯 歯 歯 歯 歯 歯

### 詩
시 **시**
획수:13획
부수:言

一 二 三 三 言 言 言 訁 計 討 詩 詩 詩

詩 詩 詩 詩 詩 詩

### 次
다음 **차**
획수:6획
부수:欠

一 冫 冫 次 次 次

次 次 次 次 次 次

| 事 | 持 | 式 | 実 |
|---|---|---|---|
| 음:ジ, ズ | 음:ジ | 음:シキ | 음:ジツ |
| 훈:こと | 훈:もつ | 훈: | 훈:み, みのる |
| 事故(ジコ 사고)<br>好事家(コウズカ 호사가)<br>事柄(ことがら 사항, 일) | 持参(ジサン 지참)<br>持つ(もつ 가지다) | 正式(セイシキ 정식) | 実現(ジツゲン 실현)<br>実(み 열매)<br>実る(みのる 열매를 맺다) |

事
일 사
획수:8획
부수:亅

一 亅 亠 亖 写 写 写 事

持
가질 지
획수:9획
부수:手

一 十 扌 扩 扩 拤 拌 持 持

式
법 식
획수:6획
부수:弋

一 二 三 王 式 式

実
열매 실
획수:8획
부수:宀

丶 丷 宀 宀 宀 宣 実 実

實

| 写 | 者 | 主 | 守 |
|---|---|---|---|
| 음:シャ | 음:シャ | 음:シュ, ス | 음:シュ, ス |
| 훈:うつす, うつる | 훈:もの | 훈:ぬし, おも | 훈:まもる, もり |
| 写真(シャシン 사진)<br>写す(うつす 베끼다)<br>写る(うつる 비치다, 찍히다) | 学者(ガクシャ 학자)<br>若者(わかもの 젊은이) | 主食(シュショク 주식)<br>坊主(ボウズ 주지, 중)<br>主(ぬし 주인)<br>主に(おもに 주로) | 守備(シュビ 수비)<br>留守(ルス 빈집을 지킴, 부재중)<br>守る(まもる 지키다)<br>子守歌(こもりうた 자장가) |

| 写<br><br>베낄 사<br>획수:5획<br>부수:冖 | ⼀ 冖 宀 写 写 写　　　　　　　　　　　　寫 |
| 写 写 写 | 写 写 写 |

| 者<br><br>놈 자<br>획수:8획<br>부수:耂 | 一 十 耂 耂 者 者 者 者　　　　　　　　者 |
| 者 者 者 | 者 者 者 |

| 主<br><br>주인 주<br>획수:5획<br>부수:丶 | 丶 亠 宀 主 主 |
| 主 主 主 | 主 主 主 |

| 守<br><br>지킬 수<br>획수:6획<br>부수:宀 | 丶 宀 宀 宀 守 守 |
| 守 守 守 | 守 守 守 |

| 取 | 酒 | 受 | 州 |
|---|---|---|---|
| 음:シュ | 음:シュ | 음:ジュ | 음:シュウ |
| 훈:とる | 훈:さけ, さか | 훈:うける, うかる | 훈:す |
| 取材(シュザイ 취재)<br>取る(とる 잡다, 차지하다) | 飲酒(インシュ 음주)<br>酒(さけ 술)<br>酒場(さかば 술집, 바, 대포집) | 受信(ジュシン 수신)<br>受ける(うける 받다)<br>受かる(うかる 붙다, 합격하다) | 州知事(シュウチジ 주지자)<br>三角州(サンカクす 삼각주) |

| 한자 | 필순 |
|---|---|
| 取<br>취할 **취**<br>획수:8획<br>부수:又 | 一 丅 F F E 耳 耴 取<br>取 取 取 取 取 取 |
| 酒<br>술 **주**<br>획수:10획<br>부수:酉 | 丶 氵 氵 汀 沂 沂 洒 洒 酒 酒<br>酒 酒 酒 酒 酒 酒 |
| 受<br>받을 **수**<br>획수:8획<br>부수:又 | 一 丆 丆 爫 爫 爫 孚 受<br>受 受 受 受 受 受 |
| 州<br>고을 **주**<br>획수:6획<br>부수:川 | 丶 丿 少 州 州 州<br>州 州 州 州 州 州 |

1. 指 _____
2. 乳歯 _____
3. 詩集 _____
4. 次第 _____
5. 事柄 _____
6. 持参 _____
7. 正式 _____
8. 実る _____
9. 写真 _____
10. 学者 _____
11. 主食 _____
12. 留守 _____
13. 取材 _____
14. 飲酒 _____
15. 受信 _____
16. 州知事 _____

# Clip 01
# 초등학교 3학년 교육한자

**학습내용**

▌ 초등학교 3학년 교육한자 16자의 音, 訓 학습

▌ 해당한자와 관련된 단어학습과 쓰기연습

拾 終 習 集 住 重 宿 所 暑 助 昭 消 商 章 勝 乗

**학습목표**

▌ 초등학교 3학년 교육한자 16자의 音, 訓을 학습하여 이해할 수 있다.

▌ 해당한자와 관련된 단어학습과 쓰기연습을 통해 일본에서의 실생활에 활용할 수 있다.

| 拾 | 終 | 習 | 集 |
|---|---|---|---|
| 음:シュウ, ジュウ | 음:シュウ | 음:シュウ | 음:シュウ |
| 훈:ひろう | 훈:おわる, おえる | 훈:ならう | 훈:あつまる, あつめる, つどう |
| 拾得(シュウトク 습득)<br>拾万円(ジュウマンエン 십만엔)<br>拾う(ひろう 줍다) | 終点(シュウテン 종점)<br>終わる(おわる 끝나다)<br>終える(おえる 끝내다) | 習慣(シュウカン 습관)<br>習う(ならう 배우다, 연습하다) | 集合(シュウゴウ 집합)<br>集まる(あつまる 모이다)<br>集める(あつめる 모으다)<br>集う(つどう 모이다) |

| 拾<br><br>주울 **습**, 열 **십**<br>획수:9획<br>부수:手 | 一 十 扌 扌 扩 护 拾 拾 拾 |
|---|---|

拾 拾 拾 | 拾 拾 拾

| 終<br><br>마칠 **종**<br>획수:11획<br>부수:糸 | 〈 幺 幺 幺 糸 糸 紜 紜 終 終 終 |
|---|---|

終 終 終 | 終 終 終

| 習<br><br>배울 **습**<br>획수:11획<br>부수:羽 | 丁 丁 ヲ 扪 羽 羽 羿 習 習 習     習 |
|---|---|

習 習 習 | 習 習 習

| 集<br><br>모일 **집**<br>획수:12획<br>부수:隹 | ノ イ イ 仁 什 什 隹 隹 隼 隼 集 集 |
|---|---|

集 集 集 | 集 集 集

| 住 | 重 | 宿 | 所 |
|---|---|---|---|
| 음:ジュウ | 음:ジュウ, チョウ | 음:シュク | 음:ショ, ジョ |
| 훈:すむ, すまう | 훈:おもい, かさねる, え | 훈:やど, やどる, やどす | 훈:ところ |
| 住所(ジュウショ 주소)<br>住む(すむ 살다)<br>住まう(すまう 살다) | 重大(ジュウダイ 중대)<br>軽重(ケイチョウ 경중)<br>重い(おもい 무겁다)<br>重ねる(かさねる 겹치다, 포개다)<br>八重(やえ 여덟 겹) | 宿題(シュクダイ 숙제)<br>宿(やど 숙소)<br>宿る(やどる 숙박하다)<br>宿す(やどす 숙박시키다) | 所有(ショユウ 소유)<br>研究所(ケンキュウジョ 연구소)<br>所(ところ 곳) |

**住** 살 주 / 획수:7획 / 부수:人

丿 亻 亻 亻 仁 住 住

住 住 住 住住住

**重** 무거울 중 / 획수:9획 / 부수:里

一 二 干 亓 盲 盲 重 重 重

重 重 重 重重重

**宿** 잘 숙 / 획수:11획 / 부수:宀

丶 宀 宀 宀 宁 宿 宿 宿 宿 宿

宿 宿 宿 宿宿宿

**所** 장소 소 / 획수:8획 / 부수:戸

一 ⼵ ⺕ 戸 戸 所 所 所 所

所 所 所 所所所

| 暑 | 助 | 昭 | 消 |
|---|---|---|---|
| 음:ショ | 음:ジョ | 음:ショウ | 음:ショウ |
| 훈:あつい | 훈:たすける, たすかる, すけ | 훈: | 훈:けす, きえる |
| 残暑(ザンショ 잔서, 늦더위)<br>暑い(あつい 덥다) | 助言(ジョゲン 조언)<br>助ける(たすける 돕다)<br>助かる(たすかる 살아남다)<br>助(すけ 일을 도움) | 昭和(ショウワ 일본연호중의<br>하나) | 消費(ショウヒ 소비)<br>消す(けす 끄다)<br>消える(きえる 없어지다) |

| 暑<br><br>더울 서<br>획수:12획<br>부수:日 | 丨 冂 冃 目 目 早 昊 昇 昇 暑 暑 暑 | | | | | 暑 |
|---|---|---|---|---|---|---|
| | 暑 | 暑 | 暑 | 暑 | 暑 | 暑 |

| 助<br><br>도울 조<br>획수:7획<br>부수:力 | 丨 冂 月 月 且 町 助 | | | | | |
|---|---|---|---|---|---|---|
| | 助 | 助 | 助 | 助 | 助 | 助 |

| 昭<br><br>밝을 소<br>획수:9획<br>부수:日 | 丨 冂 月 日 町 昭 昭 昭 昭 | | | | | |
|---|---|---|---|---|---|---|
| | 昭 | 昭 | 昭 | 昭 | 昭 | 昭 |

| 消<br><br>끌 소<br>획수:10획<br>부수:水 | 丶 丷 氵 汁 沪 沪 沪 消 消 消 | | | | | |
|---|---|---|---|---|---|---|
| | 消 | 消 | 消 | 消 | 消 | 消 |

| 商 | 章 | 勝 | 乗 |
|---|---|---|---|
| 음:ショウ | 음:ショウ | 음:ショウ | 음:ジョウ |
| 훈:あきなう | 훈: | 훈:かつ, まさる | 훈:のる, のせる |
| 商品(ショウヒン 상품)<br>商う(あきなう 장사하다) | 文章(ブンショウ 문장) | 勝利(ショウリ 승리)<br>勝つ(かつ 이기다)<br>勝る(まさる 낫다, 뛰어나다) | 乗車(ジョウシャ 승차)<br>乗る(のる 타다)<br>乗せる(のせる 태우다) |

**商**
장사 **상**
획수:11획
부수:口

丶 亠 亠 宀 产 产 产 产 商 商 商

商 商 商 商 商 商

**章**
문장 **장**
획수:11획
부수:立

丶 亠 亠 产 音 音 音 音 章 章 章

章 章 章 章 章 章

**勝**
이길 **승**
획수:12획
부수:力

丿 丿 月 月 月 月 胖 胖 胖 胖 勝 勝

勝 勝 勝 勝 勝 勝

**乗**
탈 **승**
획수:9획
부수:丿

一 一 二 二 禾 垂 垂 乗 乗                                     乗

乗 乗 乗 乗 乗 乗

1. 拾得 _____

2. 終点 _____

3. 習う _____

4. 集合 _____

5. 住む _____

6. 軽重 _____

7. 宿る _____

8. 所有 _____

9. 残暑 _____

10. 助言 _____

11. 昭和 _____

12. 消す _____

13. 商う _____

14. 文章 _____

15. 勝利 _____

16. 乗車 _____

# Clip 02
## 초등학교 3학년 교육한자

**학습내용**

▌초등학교 3학년 교육한자 16자의 音, 訓 학습

▌해당한자와 관련된 단어학습과 쓰기연습

植 申 身 神 真 深 進 世 整 昔 全 相 送 想 息 速

**학습목표**

▌초등학교 3학년 교육한자 16자의 音, 訓을 학습하여 이해할 수 있다.

▌해당한자와 관련된 단어학습과 쓰기연습을 통해 일본에서의 실생활에 활용할 수 있다.

| 植 | 申 | 身 | 神 |
|---|---|---|---|
| 음:ショク | 음:シン | 음:シン | 음:シン, ジン |
| 훈:うえる, うわる | 훈:もうす | 훈:み | 훈:かみ, かん, こう |
| 植物(ショクブツ 식물)<br>植える(うえる 심다)<br>植わる(うわる 심다) | 申告(シンコク 신고)<br>申す(もうす 아뢰다) | 身長(シンチョウ 신장)<br>身(み 몸) | 神話(シンワ 신화)<br>神社(ジンジャ 신사)<br>神(かみ 신)<br>神主(かんぬし 신사의 신관)<br>神々しい(こうごうしい 성스럽다) |

**植**
심을 **식**
획수:12획
부수:木

一 十 才 木 杧 柠 柠 栌 植 植 植 植

植 植 植 　植 植 植

**申**
원숭이 **신**
획수:5획
부수:田
(제부수)

｜ 冂 冃 甲 申

申 申 申 　申 申 申

**身**
몸 **신**
획수:7획
부수:身
(제부수)

′ ｢ 勹 宐 身 身 身

身 身 身 　身 身 身

**神**
귀신 **신**
획수:9획
부수:示/ネ

′ ラ ネ ネ ネ 初 衵 袒 神　　　　　神

神 神 神 　神 神 神

| 真 | 深 | 進 | 世 |
|---|---|---|---|
| 음:シン | 음:シン | 음:シン | 음:セイ, セ |
| 훈:ま | 훈:ふかい, ふかまる, ふかめる | 훈:すすむ, すすめる | 훈:よ |
| 真実(シンジツ 진실)<br>真心(まごころ 진심) | 深夜(シンヤ 심야)<br>深い(ふかい 깊다)<br>深まる(ふかまる 깊어지다)<br>深める(ふかめる 깊게하다) | 進学(シンガク 진학)<br>進む(すすむ 나아가다)<br>進める(すすめる 진척시키다,<br>진행시키다) | 世紀(セイキ 세기)<br>世代(セダイ 세대)<br>世の中(よのなか 세상) |

| 真<br><br>참 진<br>획수:10획<br>부수:目 | 一 ナ ナ 广 古 占 直 直 真 真 | | | | | 眞 |
|---|---|---|---|---|---|---|
| | 真 | 真 | 真 | 真 | 真 | 真 |

| 深<br><br>깊을 심<br>획수:11획<br>부수:水 | ` ` ` 氵 氵 氵 汇 汇 浬 湮 浬 深 深 | | | | | |
|---|---|---|---|---|---|---|
| | 深 | 深 | 深 | 深 | 深 | 深 |

| 進<br><br>나아갈 진<br>획수:11획<br>부수:辶 | ノ イ イ 什 什 任 隹 隹 進 進 | | | | | 進 |
|---|---|---|---|---|---|---|
| | 進 | 進 | 進 | 進 | 進 | 進 |

| 世<br><br>세상 세<br>획수:5획<br>부수:一 | 一 十 卄 廿 世 | | | | | |
|---|---|---|---|---|---|---|
| | 世 | 世 | 世 | 世 | 世 | 世 |

| 整 | 昔 | 全 | 相 |
|---|---|---|---|
| 음:セイ | 음:セキ, シャク | 음:ゼン | 음:ソウ, ショウ |
| 훈:ととのえる, ととのう | 훈:むかし | 훈:まったく | 훈:あい |
| 整理(セイリ 정리)<br>整える(ととのえる 정돈하다)<br>整う(ととのう 정돈되다, 조절되다) | 昔日(セキジツ 석일, 옛날)<br>今昔(コンジャク 옛날과 지금)<br>昔(むかし 옛날) | 全国(ゼンコク 전국)<br>全く(まったく 완전히, 전혀) | 相談(ソウダン 상담)<br>首相(シュショウ 수상)<br>相手(あいて 상대) |

**整**
一 丆 〒 亘 東 東 東 敕 敕 敕 敕 整 整 整
가지런할 정
획수:16획
부수:攵

整 整 整 整 整 整

**昔**
一 十 卅 芷 芋 昔 昔 昔
옛 석
획수:8획
부수:日

昔 昔 昔 昔 昔 昔

**全**
ノ 入 仝 仐 숙 全
온전할 전
획수:6획
부수:人

全 全 全 全 全 全

**相**
一 十 才 木 机 相 相 相 相
서로 상
획수:9획
부수:目

相 相 相 相 相 相

| 送 | 想 | 息 | 速 |
|---|---|---|---|
| 음:ソウ | 음:ソウ, ソ | 음:ソク | 음:ソク |
| 훈:おくる | 훈: | 훈:いき | 훈:はやい, はやめる, すみやか |
| 運送(ウンソウ 운송)<br>送る(おくる 보내다) | 理想(リソウ 이상)<br>愛想(アイソ 붙임성, 정나미) | 休息(キュウソク 휴식)<br>息(いき 호흡, 목숨) | 速度(ソクド 속도)<br>速い(はやい 빠르다)<br>速める(はやめる 앞당기다)<br>速やか(すみやか 빠름, 신속함) |

**送**
보낼 **송**
획수:9획
부수:辶

丶 丷 丷 半 羊 关 关 送 送　　　　送

送 送 送 | 送 | 送 | 送

**想**
생각할 **상**
획수:13획
부수:心

一 十 才 木 朾 相 相 相 相 相 想 想 想

想 想 想 | 想 | 想 | 想

**息**
쉴 **식**
획수:10획
부수:心

丿 亻 斤 白 自 自 自 息 息 息

息 息 息 | 息 | 息 | 息

**速**
빠를 **속**
획수:10획
부수:辶

一 丆 亓 百 申 束 束 涑 速 速　　　　速

速 速 速 | 速 | 速 | 速

1. 植物 _____
2. 申告 _____
3. 身長 _____
4. 神主 _____
5. 真実 _____
6. 深夜 _____
7. 進む _____
8. 世紀 _____
9. 整える _____
10. 今昔 _____
11. 全国 _____
12. 首相 _____
13. 運送 _____
14. 理想 _____
15. 休息 _____
16. 速度 _____

# Clip 03
## 초등학교 3학년 교육한자

▎초등학교 3학년 교육한자 16자의 音, 訓 학습

▎해당한자와 관련된 단어학습과 쓰기연습

族 他 打 対 待 代 第 題 炭 短 談 着 注 柱 丁 帳

▎초등학교 3학년 교육한자 16자의 音, 訓을 학습하여 이해할 수 있다.

▎해당한자와 관련된 단어학습과 쓰기연습을 통해 일본에서의 실생활에 활용할 수 있다.

| 族 | 他 | 打 | 対 |
|---|---|---|---|
| 음:ゾク | 음:タ | 음:ダ | 음:タイ, ツイ |
| 훈: | 훈: | 훈:うつ | 훈: |
| 民族(ミンゾク 민족) | 他人(タニン 타인) | 安打(アンダ 안타)<br>打つ(うつ 치다, 때리다) | 対立(タイリツ 대립)<br>対句(ツイク 대구) |

**族**
겨레 **족**
획수:11획
부수:方

丶 亠 方 方 扩 扩 扩 族 族 族 族

族 族 族 族 族 族

**他**
남 **타**
획수:5획
부수:人

丿 亻 仟 他 他

他 他 他 他 他 他

**打**
칠 **타**
획수:5획
부수:手

一 十 扌 扩 打

打 打 打 打 打 打

**対**
대답할 **대**
획수:7획
부수:寸

丶 亠 ナ 文 文 対 対　　　　　　　對

対 対 対 対 対 対

| 待 | 代 | 第 | 題 |
|---|---|---|---|
| 음:タイ | 음:ダイ, タイ | 음:ダイ | 음:ダイ |
| 훈:まつ | 훈:かわる, かえる, よ, しろ | 훈: | 훈: |
| 期待(キタイ 기대)<br>待つ(まつ 기다리다) | 代理(ダイリ 대리)<br>交代(コウタイ 교대)<br>代わる(かわる 대리하다, 대신하다)<br>代える(かえる 바꾸다, 교환하다)<br>代々(よよ 세세, 대대)<br>代物(しろもの 물건, 대금) | 落第(ラクダイ 낙제) | 題目(ダイモク 제목) |

| 待<br><br>기다릴 대<br>획수:9획<br>부수:彳 | ノ ク イ 彳 彳 往 往 待 待 |
|---|---|
| | 待 待 待　待 待 待 |

| 代<br><br>대신 대<br>획수:5획<br>부수:人 | ノ イ 仁 代 代 |
|---|---|
| | 代 代 代　代 代 代 |

| 第<br><br>차례 제<br>획수:11획<br>부수:竹 | ノ ケ ケ ゲ ゲ ゲ ゲ ゲ 笂 第 第 |
|---|---|
| | 第 第 第　第 第 第 |

| 題<br><br>제목 제<br>획수:18획<br>부수:頁 | I 日 日 旦 旦 早 早 是 是 匙 匙 匙 題 題 題 題 題 題 |
|---|---|
| | 題 題 題　題 題 題 |

| 炭 | 短 | 談 | 着 |
|---|---|---|---|
| 음:タン | 음:タン | 음:ダン | 음:チャク, ジャク |
| 훈:すみ | 훈:みじかい | 훈: | 훈:きる, きせる, つく, つける |
| 石炭(セキタン 석탄)<br>炭(すみ 숯) | 短期(タンキ 단기)<br>短い(みじかい 짧다) | 相談(ソウダン 상담) | 着席(チャクセキ 착석)<br>執着(シュウジャク 집착)<br>着る(きる 입다)<br>着せる(きせる 입히다)<br>着く(つく 도착하다)<br>着ける(つける 갖다 붙이다) |

| 炭 | ` ｀ ⼭ ⼭ 产 岸 岸 岸 炭 炭` | | | | | | |
|---|---|---|---|---|---|---|---|
| 숯 탄<br>획수:9획<br>부수:火 | 炭 | 炭 | 炭 | 炭 | 炭 | 炭 | |

| 短 | ` ′ ′ ⼆ 午 矢 矢 矢 知 知 知 短 短` | | | | | | |
|---|---|---|---|---|---|---|---|
| 짧을 단<br>획수:12획<br>부수:矢 | 短 | 短 | 短 | 短 | 短 | 短 | |

| 談 | ` 一 ⼆ 三 言 言 言 言 言 計 談 談 談 談 談` | | | | | | |
|---|---|---|---|---|---|---|---|
| 말씀 담<br>획수:15획<br>부수:言 | 談 | 談 | 談 | 談 | 談 | 談 | |

| 着 | ` ﹨ ﹀ ⼭ 芦 ⼿ 羊 关 着 着 着 着` | | | | | | |
|---|---|---|---|---|---|---|---|
| 붙을 착<br>획수:12획<br>부수:目 | 着 | 着 | 着 | 着 | 着 | 着 | |

| 注 | 柱 | 丁 | 帳 |
|---|---|---|---|
| 음:チュウ | 음:チュウ | 음:チョウ, テイ | 음:チョウ |
| 훈:そそぐ | 훈:はしら | 훈: | 훈: |
| 注意(チュウイ 주의)<br>注ぐ(そそぐ 따르다, 붓다) | 円柱(エンチュウ 원주)<br>柱(はしら 기둥) | 包丁(ホウチョウ 칼)<br>丁重(テイチョウ 정중) | 通帳(ツウチョウ 통장) |

**注**
물댈 **주**
획수:8획
부수:水

` ` ` ` ` ` ` ` ` ` 注 注 注

| 注 | 注 | 注 | 注 | 注 | 注 | | | |

**柱**
기둥 **주**
획수:9획
부수:木

一 十 才 木 木 栌 栏 柱 柱

| 柱 | 柱 | 柱 | 柱 | 柱 | 柱 | | | |

**丁**
못 **정**
획수:2획
부수:一

一 丁

| 丁 | 丁 | 丁 | 丁 | 丁 | 丁 | | | |

**帳**
장부 **장**
획수:11획
부수:巾

丨 冂 巾 帄 帄 帍 帐 帐 帳 帳 帳

| 帳 | 帳 | 帳 | 帳 | 帳 | 帳 | | | |

1. 民族 _____

2. 他人 _____

3. 安打 _____

4. 対句 _____

5. 待つ _____

6. 交代 _____

7. 落第 _____

8. 題目 _____

9. 炭 _____

10. 短期 _____

11. 相談 _____

12. 着席 _____

13. 注ぐ _____

14. 円柱 _____

15. 包丁 _____

16. 通帳 _____

# Clip 04
# 초등학교 3학년 교육한자

학습내용

▮ 초등학교 3학년 교육한자 16자의 音, 訓 학습
▮ 해당한자와 관련된 단어학습과 쓰기연습

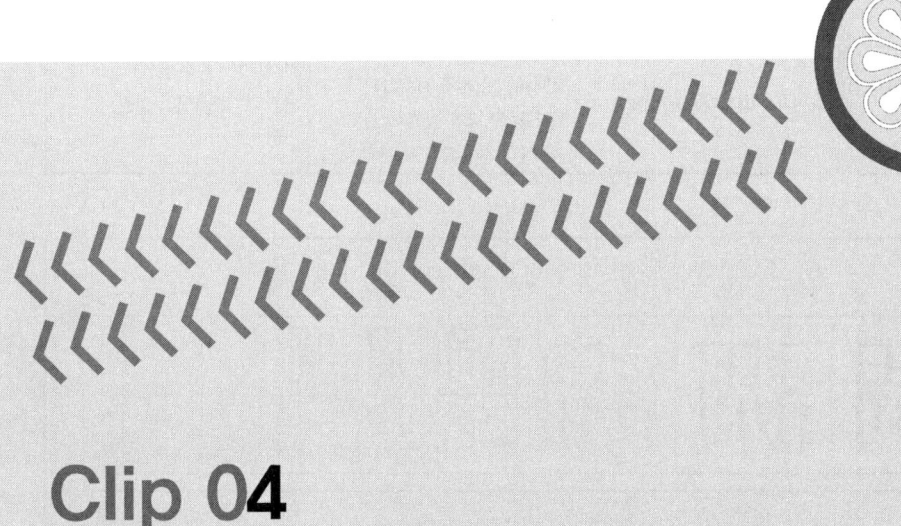

調 追 定 庭 笛 鉄 転 都 度 投 豆 島 湯 登 等 動

학습목표

▮ 초등학교 3학년 교육한자 16자의 音, 訓을 학습하여 이해할 수 있다.
▮ 해당한자와 관련된 단어학습과 쓰기연습을 통해 일본에서의 실생활에 활용할 수 있다.

| 調 | 追 | 定 | 庭 |
|---|---|---|---|
| 음:チョウ | 음:ツイ | 음:テイ, ジョウ | 음:テイ |
| 훈:しらべる, ととのう, ととのえる | 훈:おう | 훈:さだめる, さだまる, さだか | 훈:にわ |
| 調整(チョウセイ 조정)<br>調べる(しらべる 조사하다)<br>調う(ととのう 성립되다, 마련되다)<br>調える(ととのえる 준비하다, 마련하다) | 追加(ツイカ 추가)<br>追う(おう 따르다, 추구하다) | 定価(テイカ 정가)<br>定規(ジョウギ 자)<br>定める(さだめる 정하다)<br>定まる(さだまる 정해지다)<br>定か(さだか 확실함, 분명함) | 庭園(テイエン 정원)<br>庭(にわ 뜰, 마당, 정원) |

### 調
고를 조
획수:15획
부수:言

調 一 二 言 言 言 言 訓 訓 訶 訶 調 調 調 調

調 調 調 | 調 調 調

### 追
쫓을 추
획수:9획
부수:辶

追 ' ㇒ ㇟ 冇 自 自 自 追 追

追 追 追 | 追 追 追

### 定
정할 정
획수:8획
부수:宀

定 ' ㇏ 宀 宀 宁 宇 定 定

定 定 定 | 定 定 定

### 庭
뜰 정
획수:10획
부수:广

庭 ' 一 广 广 庐 庐 庭 庭 庭 庭

庭 庭 庭 | 庭 庭 庭

| 笛 | 鉄 | 転 | 都 |
|---|---|---|---|
| 음:テキ | 음:テツ | 음:テン | 음:ト, ツ |
| 훈:ふえ | 훈: | 훈:ころがる, ころげる, ころがす, ころぶ | 훈:みやこ |
| 汽笛(キテキ 기적)<br>笛(ふえ 피리) | 鉄道(テツドウ 철도)<br>鉄筋(テッキン 철근) | 転校(テンコウ 전학)<br>転がる(ころがる 구르다, 굴러 가다)<br>転げる(ころげる 구르다, 뒹굴다)<br>転がす(ころがす 굴리다)<br>転ぶ(ころぶ 넘어지다, 자빠지다) | 都市(トシ 도시)<br>都合(ツゴウ 형편, 사정)<br>都(みやこ 수도) |

**笛**
피리 **적**
획수:11획
부수:竹

ノ ト ゲ ゲ 竹 竹 竹 竹 笛 笛 笛

笛 笛 笛 笛 笛 笛

**鉄**
쇠 **철**
획수:13획
부수:金

ノ ハ ム 牟 牟 余 金 金 針 針 鉄 鉄 鉄 鐵

鉄 鉄 鉄 鉄 鉄 鉄

**転**
구를 **전**
획수:11획
부수:車

一 厂 戸 戸 百 亘 車 車 転 転 転 轉

転 転 転 転 転 転

**都**
도시 **도**
획수:11획
부수:阝

一 十 土 耂 耂 者 者 者 者' 都 都 都

都 都 都 都 都 都

| 度 | 投 | 豆 | 島 |
|---|---|---|---|
| 음:ド, タク,ト | 음:トウ | 음:トウ, ズ | 음:トウ |
| 훈:たび | 훈:なげる | 훈:まめ | 훈:しま |
| 角度(カクド 각도)<br>支度(シタク 준비, 채비)<br>法度(ハット 법도)<br>度(たび 때, 번) | 投書(トウショ 투서)<br>投げる(なげる 던지다) | 豆乳(トウニュウ 두유)<br>大豆(ダイズ 대두, 콩)<br>豆(まめ 콩) | 島民(トウミン 도민)<br>島(しま 섬) |

**度**
정도 **도**
획수:9획
부수:广

丶 亠 广 广 广 庐 庐 度 度

度 度 度 度 度 度

**投**
던질 **투**
획수:7획
부수:手

一 扌 扌 扩 护 投 投

投 投 投 投 投 投

**豆**
콩 **두**
획수:7획
부수:豆
(제부수)

一 丆 丆 戸 戸 豆 豆

豆 豆 豆 豆 豆 豆

**島**
섬 **도**
획수:10획
부수:山

丶 丿 户 户 户 自 鳥 鳥 鳥 島

島 島 島 島 島 島

| 湯 | 登 | 等 | 動 |
|---|---|---|---|
| 음:トウ | 음:トウ, ト | 음:トウ | 음:ドウ |
| 훈:ゆ | 훈:のぼる | 훈:ひとしい | 훈:うごく, うごかす |
| 銭湯(セントウ 대중목욕탕)<br>湯(ゆ 뜨거운 물) | 登場(トウジョウ 등장)<br>登山(トザン 등산)<br>登る(のぼる 오르다) | 対等(タイトウ 대등)<br>平等(ビョウドウ 평등)<br>等しい(ひとしい 같다, 흡사하다) | 動物(ドウブツ 동물)<br>動く(うごく 움직이다)<br>動かす(うごかす 움직이게 하다) |

| 湯<br><br>끓일 **탕**<br>획수:12획<br>부수:水 | `丶 丶 氵 氵 沪 沪 沪 淠 湡 湯 湯 湯` |
|---|---|

湯 湯 湯 | 湯 湯 湯

| 登<br><br>오를 **등**<br>획수:12획<br>부수:癶 | `フ ア ア ア 癶 癶 癶 登 登 登 登 登` |
|---|---|

登 登 登 | 登 登 登

| 等<br><br>같을 **등**<br>획수:12획<br>부수:竹 | `丿 ⺊ 𣥂 ⺮ 𥫗 𥫗 竺 筀 笙 竿 等 等` |
|---|---|

等 等 等 | 等 等 等

| 動<br><br>움직일 **동**<br>획수:11획<br>부수:力 | `一 一 一 戸 盲 盲 盲 重 重 動 動` |
|---|---|

動 動 動 | 動 動 動

1. 調整 _____

2. 追う _____

3. 定規 _____

4. 庭園 _____

5. 笛 _____

6. 鉄道 _____

7. 転校 _____

8. 都合 _____

9. 支度 _____

10. 投書 _____

11. 豆乳 _____

12. 島民 _____

13. 銭湯 _____

14. 登山 _____

15. 等しい _____

16. 動物 _____

# Clip 05
## 초등학교 3학년 교육한자

▌ 초등학교 3학년 교육한자 16자의 音, 訓 학습
▌ 해당한자와 관련된 단어학습과 쓰기연습

童 農 波 配 倍 箱 畑 発 反 坂 板 皮 悲 美 鼻 筆

▌ 초등학교 3학년 교육한자 16자의 音, 訓을 학습하여 이해할 수 있다.
▌ 해당한자와 관련된 단어학습과 쓰기연습을 통해 일본에서의 실생활에 활용할 수 있다.

| 童 | 農 | 波 | 配 |
|---|---|---|---|
| 음:ドウ | 음:ノウ | 음:ハ | 음:ハイ |
| 훈:わらべ | 훈: | 훈:なみ | 훈:くばる |
| 童話(ドウワ 동화)<br>童(わらべ 동자, 어린애) | 農村(ノウソン 농촌) | 波長(ハチョウ 파장)<br>電波(デンパ 전파)<br>波(なみ 파도) | 配達(ハイタツ 배달)<br>分配(ブンパイ 분배)<br>配る(くばる 배부하다) |

---

| 童<br><br>아이 **동**<br>획수:12획<br>부수:立 | 亠 亠 立 产 产 音 音 音 童 童 童 |
|---|---|
| | 童 童 童 童 童 童 |

| 農<br><br>농사 **농**<br>획수:13획<br>부수:辰 | 丨 冂 曰 由 芇 曲 曲 芦 芦 芦 農 農 農 |
|---|---|
| | 農 農 農 農 農 農 |

| 波<br><br>물결 **파**<br>획수:8획<br>부수:水 | 丶 丶 氵 氵 汀 沪 波 波 |
|---|---|
| | 波 波 波 波 波 波 |

| 配<br><br>나눌 **배**<br>획수:10획<br>부수:酉 | 一 丆 冖 西 西 酉 酉 酉 配 配 |
|---|---|
| | 配 配 配 配 配 配 |

| 倍 | 箱 | 畑 | 発 |
|---|---|---|---|
| 음:バイ | 음: | 음: | 음:ハツ, ホッ |
| 훈: | 훈:はこ | 훈:はた, はたけ | 훈: |
| 倍数(バイスウ 배수) | 箱(はこ 상자) | 畑(はたけ 밭)<br>田畑(たはた 논밭) | 発売(ハツバイ 발매)<br>出発(シュッパツ 출발)<br>発作(ホッサ 발작) |

**倍**
곱 **배**
획수:10획
부수:人

ノ イ イ´ 亻´ 亻立 亻立 倍 倍 倍 倍

倍 倍 倍 倍 倍 倍

**箱**
상자 **상**
획수:15획
부수:竹

ノ ト ケ ヶ 竹 竹 竺 竺 笁 笁 箱 箱 箱 箱 箱

箱 箱 箱 箱 箱 箱

**畑**
화전 **전**
획수:9획
부수:火

丶 ソ ソ 火 火 灯 炉 畑 畑

畑 畑 畑 畑 畑 畑

**発**
쏠 **발**
획수:9획
부수:癶

フ ヌ ヌ´ ヌ癶 癶 癶 癶 発

發

発 発 発 発 発 発

| 反 | 坂 | 板 | 皮 |
|---|---|---|---|
| 음:ハン, タン, ホン | 음:ハン | 음:ハン, バン | 음:ヒ |
| 훈:そる, そらす | 훈:さか | 훈:いた | 훈:かわ |
| 反映(ハンエイ 반영)<br>反物(タンモノ 옷감, 포목)<br>謀反(ムホン 모반)<br>反る(そる 뒤로 젖혀지다)<br>反らす(そらす 젖히다) | 急坂(キュウハン 가파른 언덕)<br>坂道(さかみち 비탈길, 언덕길) | 板木(ハンギ 판목)<br>鉄板(テッパン 철판)<br>黒板(コクバン 칠판)<br>板(いた 판자) | 皮膚(ヒフ 피부)<br>皮(かわ 가죽, 껍질) |

| 反<br><br>거꾸로 **반**<br>획수:4획<br>부수:又 | 一 丆 反 反 |
|---|---|
| | 反　反　反　反 反 反 |

| 坂<br><br>비탈 **판**<br>획수:7획<br>부수:土 | 一 十 土 圵 圹 坂 坂 |
|---|---|
| | 坂　坂　坂　坂 坂 坂 |

| 板<br><br>널조각 **판**<br>획수:8획<br>부수:木 | 一 十 才 木 朾 朾 板 板 |
|---|---|
| | 板　板　板　板 板 板 |

| 皮<br><br>가죽 **피**<br>획수:5획<br>부수:皮<br>(제부수) | 丿 厂 广 皮 皮 |
|---|---|
| | 皮　皮　皮　皮 皮 皮 |

| 悲 | 美 | 鼻 | 筆 |
|---|---|---|---|
| 음:ヒ | 음:ビ | 음:ビ | 음:ヒツ |
| 훈:かなしい, かなしむ | 훈:うつくしい | 훈:はな | 훈:ふで |
| 悲劇(ヒゲキ 비극)<br>悲しい(かなしい 슬프다)<br>悲しむ(かなしむ 슬퍼하다) | 美術(ビジュツ 미술)<br>美しい(うつくしい 아름답다) | 鼻音(ビオン 비음)<br>鼻(はな 코) | 筆順(ヒツジュン 필순)<br>筆記(ヒッキ 필기)<br>筆(ふで 붓) |

| 悲<br><br>슬플 비<br>획수:12획<br>부수:心 | ノ ブ ヲ ヲ ヺ ヺ 非 非 非 悲 悲 悲 |
|---|---|

悲 悲 悲 悲 悲 悲

| 美<br><br>아름다울 미<br>획수:9획<br>부수:羊 | 丶 丷 ソ 亠 羊 羊 美 美 |
|---|---|

美 美 美 美 美 美

| 鼻<br><br>코 비<br>획수:14획<br>부수:鼻<br>(제부수) | 丶 丆 白 白 白 白 白 鼻 鼻 畠 畠 鼻 鼻 |
|---|---|

鼻 鼻 鼻 鼻 鼻 鼻

| 筆<br><br>붓 필<br>획수:12획<br>부수:竹 | ノ ⺮ ⺮ ⺮ 筆 筆 竻 笁 箪 筆 筆 筆 |
|---|---|

筆 筆 筆 筆 筆 筆

1.  童話 _____

2.  農村 _____

3.  波 _____

4.  分配 _____

5.  倍数 _____

6.  箱 _____

7.  畑 _____

8.  発売 _____

9.  反映 _____

10. 坂道 _____

11. 板 _____

12. 皮 _____

13. 悲劇 _____

14. 美術 _____

15. 鼻音 _____

16. 筆順 _____

# Clip 01
# 초등학교 3학년 교육한자

**학습내용**

❙ 초등학교 3학년 교육한자 16자의 音, 訓 학습

❙ 해당한자와 관련된 단어학습과 쓰기연습

氷 表 秒 病 品 負 部 服 福 物 平 返 勉 放 味 命

**학습목표**

❙ 초등학교 3학년 교육한자 16자의 音, 訓을 학습하여 이해할 수 있다.

❙ 해당한자와 관련된 단어학습과 쓰기연습을 통해 일본에서의 실생활에 활용할 수 있다.

| 氷 | 表 | 秒 | 病 |
|---|---|---|---|
| 음:ヒョウ | 음:ヒョウ | 음:ビョウ | 음:ビョウ, ヘイ |
| 훈:こおり, ひ | 훈:おもて, あらわす, あらわれる | 훈: | 훈:やまい, やむ |
| 氷河(ヒョウガ 빙하)<br>氷(こおり 얼음)<br>氷雨(ひさめ 우박) | 表現(ヒョウゲン 표현)<br>発表(ハッピョウ 발표)<br>表(おもて 겉)<br>表す(あらわす 나타내다)<br>表れる(あらわれる 나타나다) | 秒速(ビョウソク 초속)<br>寸秒(スンビョウ 촌각, 아주 짧은 시간) | 病名(ビョウメイ 병명)<br>疾病(シッペイ 질병)<br>病(やまい 병)<br>病む(やむ 잃다, 병들다) |

**氷** 얼음 **빙** 획수:5획 부수:水

丿 丿 丬 水 氷

氷 氷 氷 氷 氷 氷

**表** 겉 **표** 획수:8획 부수:衣

一 二 十 キ キ 耒 耒 表

表 表 表 表 表 表

**秒** 작은단위 **초** 획수:9획 부수:禾

一 二 千 禾 禾 利 利 秒 秒

秒 秒 秒 秒 秒 秒

**病** 병들 **병** 획수:10획 부수:疒

丶 二 广 广 疒 疒 疒 病 病 病

病 病 病 病 病 病

| 品 | 負 | 部 | 服 |
|---|---|---|---|
| 음:ヒン | 음:フ | 음:ブ | 음:フク |
| 훈:しな | 훈:まける, まかす, おう | 훈: | 훈: |
| 品質(ヒンシツ 품질)<br>品物(しなもの 물건, 물품) | 負担(フタン 부담)<br>負ける(まける 지다, 패배하다)<br>負かす(まかす 상대를 지게하다)<br>負う(おう 업다, 짊어지다) | 部分(ブブン 부분) | 制服(セイフク 제복) |

| 品<br><br>물건 **품**<br>획수:9획<br>부수:口 | 丨 冂 口 口 叮 叮 品 品 品 | | | 品 | 品 | 品 | | |
|---|---|---|---|---|---|---|---|---|
| | 品 | 品 | 品 | | | | | |

| 負<br><br>짐질 **부**<br>획수:9획<br>부수:貝 | 丿 ク ケ 个 负 負 負 負 負 | | | 負 | 負 | 負 | | |
|---|---|---|---|---|---|---|---|---|
| | 負 | 負 | 負 | | | | | |

| 部<br><br>나눌 **부**<br>획수:11획<br>부수:阝 | 丨 亠 立 立 产 咅 咅 咅 咅 部 部 | | | 部 | 部 | 部 | | |
|---|---|---|---|---|---|---|---|---|
| | 部 | 部 | 部 | | | | | |

| 服<br><br>옷 **복**<br>획수:8획<br>부수:月 | 丿 刀 月 月 肝 服 服 服 | | | 服 | 服 | 服 | | |
|---|---|---|---|---|---|---|---|---|
| | 服 | 服 | 服 | | | | | |

| 福 | 物 | 平 | 返 |
|---|---|---|---|
| 음:フク | 음:ブツ, モツ | 음:ヘイ, ビョウ | 음:ヘン |
| 훈: | 훈:もの | 훈:たいら, ひら | 훈:かえす, かえる |
| 祝福(シュクフク 축복) | 人物(ジンブツ 인물)<br>作物(サクモツ 작물)<br>物(もの 물건, 사물) | 平野(ヘイヤ 평야)<br>平等(ビョウドウ 평등)<br>平ら(たいら 평탄함, 평평함)<br>平社員(ひらしゃいん 평사원) | 返却(ヘンキャク 반납)<br>返す(かえす 돌려주다)<br>返る(かえる 되돌아가다) |

| 福<br><br>복 복<br>획수:13획<br>부수:示/ネ | ' ラ ネ ネ 衤 衤 衤 衤 衤 福 福 福 福　　　　　　福 |
|---|---|
| | 福　福　福　福 福 福 |

| 物<br><br>물건 물<br>획수:8획<br>부수:牛 | ' ト ヒ 牛 牜 牝 物 物 物 |
|---|---|
| | 物　物　物　物 物 物 |

| 平<br><br>평평할 평<br>획수:5획<br>부수:干 | 一 ニ 丏 立 平 |
|---|---|
| | 平　平　平　平 平 平 |

| 返<br><br>돌이킬 반<br>획수:7획<br>부수:辶 | 一 厂 厅 反 反 返 返　　　　　　返 |
|---|---|
| | 返　返　返　返 返 返 |

| 勉 | 放 | 味 | 命 |
|---|---|---|---|
| 음:ベン | 음:ホウ | 음:ミ | 음:メイ, ミョウ |
| 훈: | 훈:はなす, はなつ, はなれる | 훈:あじ, あじわう | 훈:いのち |
| 勉強(ベンキョウ 공부) | 放火(ホウカ 방화)<br>放す(はなす 놓다)<br>放つ(はなつ 놓아주다, 풀어주다)<br>放れる(はなれる 풀리다) | 味覚(ミカク 미각)<br>味(あじ 맛)<br>味わう(あじわう 맛보다) | 命中(メイチュウ 명중)<br>寿命(ジュミョウ 수명)<br>命(いのち 목숨) |

| 勉 | ノ ク タ タ 色 争 免 免 勉 |
|---|---|
| 힘쓸 **면**<br>획수:10획<br>부수:力 | 勉 勉 勉 勉 勉 勉 |

| 放 | ' 一 方 方 方 扩 放 放 |
|---|---|
| 놓을 **방**<br>획수:8획<br>부수:攵 | 放 放 放 放 放 放 |

| 味 | l 口 口 口 旷 吀 吽 味 味 |
|---|---|
| 맛 **미**<br>획수:8획<br>부수:口 | 味 味 味 味 味 味 |

| 命 | ノ 人 人 合 合 合 命 命 |
|---|---|
| 목숨 **명**<br>획수:8획<br>부수:口 | 命 命 命 命 命 命 |

1. 氷河 _____
2. 表 _____
3. 秒速 _____
4. 病 _____
5. 品質 _____
6. 負担 _____
7. 部分 _____
8. 制服 _____
9. 祝福 _____
10. 作物 _____
11. 平等 _____
12. 返却 _____
13. 勉強 _____
14. 放火 _____
15. 味覚 _____
16. 寿命 _____

# Clip 02
## 초등학교 3학년 교육한자

**학습내용**

▌ 초등학교 3학년 교육한자 16자의 音, 訓 학습
▌ 해당한자와 관련된 단어학습과 쓰기연습

面 問 役 薬 由 油 有 遊 予 羊 洋 葉 陽 様 落 流

**학습목표**

▌ 초등학교 3학년 교육한자 16자의 音, 訓을 학습하여 이해할 수 있다.
▌ 해당한자와 관련된 단어학습과 쓰기연습을 통해 일본에서의 실생활에 활용할 수 있다.

| 面 | 問 | 役 | 薬 |
|---|---|---|---|
| 음:メン | 음:モン | 음:ヤク, エキ | 음:ヤク |
| 훈:おも, おもて, つら | 훈:とう, とい, とん | 훈: | 훈:くすり |
| 面会(メンカイ 면회)<br>面(おもて 얼굴, 가면)<br>面(つら 낯, 낯짝)<br>面長(おもなが 얼굴이 갸름함) | 問題(モンダイ 문제)<br>問う(とう 질문하다)<br>問い合わせ(といあわせ 문의, 조회)<br>問屋(とんや 도매상) | 役所(ヤクショ 관청, 관공서)<br>使役(シエキ 사역) | 薬品(ヤクヒン 약품)<br>薬(くすり 약) |

**面** 얼굴 **면**
획수:9획
부수:面 (제부수)

一 丆 丆 币 面 面 面 面 面

面 面 面 面 面 面

**問** 물을 **문**
획수:11획
부수:口

丨 冂 冂 冂 冂 門 門 門 門 問 問

問 問 問 問 問 問

**役** 부릴 **역**
획수:7획
부수:彳

丿 彳 彳 彳 彳 役 役

役 役 役 役 役 役

**薬** 약 **약**
획수:16획
부수:艹

一 艹 艹 芇 芇 芇 苩 苩 苩 莇 莇 苹 莖 薬 薬 薬 薬

薬 薬 薬 薬 薬 薬

| 由 | 油 | 有 | 遊 |
|---|---|---|---|
| 음:ユ, ユウ, ユイ | 음:ユ | 음:ユウ, ウ | 음:ユウ, ユ |
| 훈:よし | 훈:あぶら | 훈:ある | 훈:あそぶ |
| 由来(ユライ 유래)<br>自由(ジユウ 자유)<br>由緒(ユイショ 유서)<br>由(よし 이유, 사정) | 石油(セキユ 석유)<br>油(あぶら 기름) | 有料(ユウリョウ 유료)<br>有無(ウム 유무)<br>有る(ある 있다) | 遊園地(ユウエンチ 유원지)<br>遊山(ユサン 산이나 들에 놀러<br>나감)<br>遊ぶ(あそぶ 놀다) |

**由** 말미암을 **유** 획수:5획 부수:田

丨 冂 由 由 由

由 由 由 由 由 由

**油** 기름 **유** 획수:8획 부수:水

丶 丶 氵 氵 汩 油 油 油

油 油 油 油 油 油

**有** 있을 **유** 획수:6획 부수:月

丿 ナ 冇 冇 有 有

有 有 有 有 有 有

**遊** 놀 **유** 획수:12획 부수:辶

丶 一 亍 方 扩 扩 扩 斿 斿 斿 遊 遊　　　　　　遊

遊 遊 遊 遊 遊 遊

| 予 | 羊 | 洋 | 葉 |
|---|---|---|---|
| 음:ヨ | 음:ヨウ | 음:ヨウ | 음:ヨウ |
| 훈: | 훈:ひつじ | 훈: | 훈:は |
| 予定(ヨテイ 예정) | 羊毛(ヨウモウ 양모)<br>羊(ひつじ 양) | 海洋(カイヨウ 해양) | 針葉樹(シンヨウジュ 침엽수)<br>葉(は 잎) |

| 予<br><br>미리 예<br>획수:4획<br>부수:亅 | フ フ マ 予 | | | | | | 豫 |
|---|---|---|---|---|---|---|---|
| | 予 | 予 | 予 | 予 | 予 | 予 | |
| | | | | | | | |

| 羊<br><br>양 양<br>획수:6획<br>부수:羊 | 丶 ソ ꭓ 뇬 半 羊 | | | | | | |
|---|---|---|---|---|---|---|---|
| | 羊 | 羊 | 羊 | 羊 | 羊 | 羊 | |
| | | | | | | | |

| 洋<br><br>큰 바다 양<br>획수:9획<br>부수:水 | 丶 丶 氵 氵 氵 氵 洋 洋 洋 | | | | | | |
|---|---|---|---|---|---|---|---|
| | 洋 | 洋 | 洋 | 洋 | 洋 | 洋 | |
| | | | | | | | |

| 葉<br><br>잎 엽<br>획수:12획<br>부수:艸 | 一 十 艹 芏 芏 苹 苹 茁 莘 葉 葉 葉 | | | | | | 葉 |
|---|---|---|---|---|---|---|---|
| | 葉 | 葉 | 葉 | 葉 | 葉 | 葉 | |
| | | | | | | | |

| 陽 | 様 | 落 | 流 |
|---|---|---|---|
| 음:ヨウ | 음:ヨウ | 음:ラク | 음:リュウ, ル |
| 훈: | 훈:さま | 훈:おちる, おとす | 훈:ながれる, ながす |
| 太陽(タイヨウ 태양) | 多様(タヨウ 다양)<br>~様(さま ~님) | 落語(ラクゴ 낙어, 만담)<br>落ちる(おちる 떨어지다)<br>落とす(おとす 떨어뜨리다) | 急流(キュウリュウ 급류)<br>流転(ルテン 유전)<br>流れる(ながれる 흐르다)<br>流す(ながす 흘러 보내다) |

**陽**
별 **양**
획수:12획
부수:阝

`ⁿ ⁊ ß ßⁿ ß⌐ ßⁿ ßⁿ ß⌐ ßⁿ 陽 陽 陽`

陽 陽 陽 | 陽 陽 陽

**様**
모양 **양**
획수:15획
부수:木

`一 十 才 木 术 术 栏 栏 栏 样 样 様 様 様` 様

様 様 様 | 様 様 様

**落**
떨어질 **락**
획수:12획
부수:艹

`一 十 艹 芖 芖 莎 莎 莎 茨 茨 落 落`

落 落 落 | 落 落 落

**流**
흐를 **류**
획수:10획
부수:水

`ⁿ ⁰ ⁊ ⁊ ⌐ ⌐ ⌐ 泮 济 流`

流 流 流 | 流 流 流

1.  面会  _____

2.  問う  _____

3.  役所  _____

4.  薬  _____

5.  由緒  _____

6.  油  _____

7.  有無  _____

8.  遊園地  _____

9.  予定  _____

10.  羊毛  _____

11.  海洋  _____

12.  針葉樹  _____

13.  太陽  _____

14.  多様  _____

15.  落ちる  _____

16.  急流  _____

# Clip 03
# 초등학교 3학년/4학년 교육한자

학습내용

▌ 초등학교 3학년 교육한자 8자와 초등학교 4학년 교육한자 8자의 音, 訓 학습
▌ 해당한자와 관련된 단어학습과 쓰기연습

旅 両 緑 礼 列 練 路 和 / 愛 案 以 衣 位 囲 胃 印

학습목표

▌ 초등학교 3학년 교육한자 8자와 초등학교 4학년 교육한자 8자의 音, 訓을 학습하여 이해할 수 있다.
▌ 해당한자와 관련된 단어학습과 쓰기연습을 통해 일본에서의 실생활에 활용할 수 있다.

| 旅 | 両 | 緑 | 礼 |
|---|---|---|---|
| 음:リョ | 음:リョウ | 음:リョク, ロク | 음:レイ, ライ |
| 훈:たび | 훈: | 훈:みどり | 훈: |
| 旅行(リョコウ 여행)<br>旅(たび 여행) | 両方(リョウホウ 양방) | 緑地(リョクチ 녹지)<br>緑青(ロクショウ 녹청)<br>緑(みどり 녹색, 초록) | 失礼(シツレイ 실례)<br>礼賛(ライサン 예찬) |

**旅**
나그네 **려**
획수:10획
부수:方

` ﾉ ﾗ 方 ｸ ﾌ ﾌ 扩 扩 旅 旅 旅`

旅 旅 旅 | 旅 旅 旅

**両**
두 **량**
획수:6획
부수:一

`一 ﾉ 冂 市 両 両`

両 両 両 | 両 両 両　　　兩

**緑**
푸를 **록**
획수:14획
부수:糸

`ﾉ ﾉ ﾑ 幺 糸 糸 糸 紀 紂 紆 紆 紆 緑 緑`

緑 緑 緑 | 緑 緑 緑　　　緑

**礼**
예도 **례**
획수:5획
부수:示/ネ

`` ﾗ ｸ ｦ 礼``

礼 礼 礼 | 礼 礼 礼　　　禮

| 列 | 練 | 路 | 和 |
|---|---|---|---|
| 음:レツ | 음:レン | 음:ロ | 음:ワ, オ |
| 훈: | 훈:ねる | 훈:じ | 훈:やわらぐ, やわらげる, なごむ, なごやか |
| 行列(ギョウレツ 행렬)<br>列車(レッシャ 열차) | 練習(レンシュウ 연습)<br>練る(ねる 누이다, 반죽하다) | 路線(ロセン 노선)<br>旅路(たびじ 여로, 여행길) | 和食(ワショク 일식)<br>和尚(オショウ 스님, 주지)<br>和らぐ(やわらぐ 온화해지다)<br>和らげる(やわらげる 부드럽게 하다)<br>和む(なごむ 누그러지다)<br>和やか(なごやか 부드러움, 온화함) |

### 列
줄 **렬**
획수:6획
부수:刀

一 ｱ 歹 歹 列 列

列 列 列 列 列 列

### 練
익힐 **련**
획수:14획
부수:糸

く 乄 幺 幺 糸 糸 紅 紅 紅 紀 紳 練 練　　　　　練

練 練 練 練 練 練

### 路
길 **로**
획수:13획
부수:足

丨 口 口 맏 足 足 足 足 路 路 路 路 路

路 路 路 路 路 路

### 和
화목할 **화**
획수:8획
부수:口

一 二 千 禾 禾 和 和 和

和 和 和 和 和 和

| 愛 | 案 | 以 | 衣 |
|---|---|---|---|
| 음:アイ | 음:アン | 음:イ | 음:イ |
| 훈: | 훈: | 훈: | 훈:ころも |
| 愛情(アイジョウ 애정) | 案内(アンナイ 안내) | 以上(イジョウ 이상) | 衣類(イルイ 의류)<br>衣(ころも 옷) |

| | | |
|---|---|---|
| 愛<br>사랑 애<br>획수:13획<br>부수:心 | 一 ⺌ ⺌ ⺌ ⺌ ⺌ 严 恶 恶 恶 恶 爱 愛 愛 | 愛 愛 愛 愛 愛 愛 |
| 案<br>책상 안<br>획수:10획<br>부수:木 | � 宀 宀 宊 安 安 安 宰 宰 案 | 案 案 案 案 案 案 |
| 以<br>써 이<br>획수:5획<br>부수:人 | 丨 丨 丄 以 以 | 以 以 以 以 以 以 |
| 衣<br>옷 의<br>획수:6획<br>부수:衣 | 丶 亠 ナ 才 衤 衣 | 衣 衣 衣 衣 衣 衣 |

| 位 | 囲 | 胃 | 印 |
|---|---|---|---|
| 음:イ | 음:イ | 음:イ | 음:イン |
| 훈:くらい | 훈:かこむ, かこう | 훈: | 훈:しるし |
| 位置(イチ 위치) 位(くらい 자리, 지위) | 周囲(シュウイ 주위) 囲む(かこむ 둘러싸다) 囲う(かこう 에워싸다, 둘러싸다) | 胃腸(イチョウ 위장) | 印刷(インサツ 인쇄) 印(しるし 표지, 표시) |

| 位 자리 위 획수:7획 부수:人 | ノ イ イ´ 疒 佇 位 位 位 位 位 位 位 位 | | |
|---|---|---|---|

| 囲 둘러쌀 위 획수:7획 부수:囗 | l 冂 冂 月 用 囲 囲 　　　　　　　　圍 囲 囲 囲 囲 囲 囲 | | |
|---|---|---|---|

| 胃 밥통 위 획수:9획 부수:月 | l 冂 m 甲 甲 胃 胃 胃 胃 胃 胃 胃 胃 胃 胃 | | |
|---|---|---|---|

| 印 도장 인 획수:6획 부수:卩 | ˊ ᅥ ᅣ ᅣ 印 印 印 印 印 印 印 印 | | |
|---|---|---|---|

1. 旅行 _____

2. 両方 _____

3. 緑 _____

4. 失礼 _____

5. 行列 _____

6. 練る _____

7. 旅路 _____

8. 和食 _____

9. 愛情 _____

10. 案内 _____

11. 以上 _____

12. 衣 _____

13. 位置 _____

14. 周囲 _____

15. 胃腸 _____

16. 印刷 _____

# Clip 04
# 초등학교 4학년 교육한자

▌초등학교 4학년 교육한자 16자의 音, 訓 학습
▌해당한자와 관련된 단어학습과 쓰기연습

英 栄 塩 億 加 果 貨 課 芽 改 械 害 街 各 覚 完

▌초등학교 4학년 교육한자 16자의 音, 訓을 학습하여 이해할 수 있다.
▌해당한자와 관련된 단어학습과 쓰기연습을 통해 일본에서의 실생활에 활용할 수 있다.

| 英 | 栄 | 塩 | 億 |
|---|---|---|---|
| 음:エイ | 음:エイ | 음:エン | 음:オク |
| 훈: | 훈:さかえる, はえ, はえる | 훈:しお | 훈: |
| 英雄(エイユウ 영웅) | 光栄(コウエイ 광영, 영광)<br>栄える(さかえる 번창하다, 번영하다)<br>見栄え(みばえ 돋보임)<br>栄える(はえる 빛나다) | 塩分(エンブン 염분)<br>塩(しお 소금) | 一億(イチオク 일억) |

**英**
꽃부리 **영**
획수:8획
부수:艹

一 十 艹 艹 苎 英 英 英　　　　　　英

英 英 英　| 英 英 英

**栄**
영화 **영**
획수:9획
부수:木

丶 ´ ´´ ´´´ ´´´´ 学 学 栄 栄　　　　　　榮

栄 栄 栄　| 栄 栄 栄

**塩**
소금 **염**
획수:13획
부수:土

一 十 土 圹 圹 圹 护 垆 垆 塩 塩 塩 塩　　鹽

塩 塩 塩　| 塩 塩 塩

**億**
억 **억**
획수:15획
부수:人

丿 亻 亻 仁 亿 倅 倅 倅 倅 倅 億 億 億 億

億 億 億　| 億 億 億

| 加 | 果 | 貨 | 課 |
|---|---|---|---|
| 음:カ | 음:カ | 음:カ | 음:カ |
| 훈:くわえる, くわわる | 훈:はたす, はてる, はて | 훈: | 훈: |
| 加工(カコウ 가공)<br>加える(くわえる 더하다, 추가하다)<br>加わる(くわわる 첨가하다) | 果実(カジツ 과실)<br>果たす(はたす 완수하다)<br>果てる(はてる 끝나다)<br>果て(はて 끝) | 通貨(ツウカ 통화) | 課題(カダイ 과제) |

| 加<br>더할 **가**<br>획수:5획<br>부수:力 | フ カ カ 加 加 | 加 | 加 | 加 | 加 | 加 | 加 | | | |
|---|---|---|---|---|---|---|---|---|---|---|

| 果<br>과실 **과**<br>획수:8획<br>부수:木 | 一 冂 冂 日 旦 里 果 果 | 果 | 果 | 果 | 果 | 果 | 果 | | | |
|---|---|---|---|---|---|---|---|---|---|---|

| 貨<br>재물 **화**<br>획수:11획<br>부수:貝 | ノ イ イ 化 化 件 貨 貨 貨 貨 貨 | 貨 | 貨 | 貨 | 貨 | 貨 | 貨 | | | |
|---|---|---|---|---|---|---|---|---|---|---|

| 課<br>부과할 **과**<br>획수:15획<br>부수:言 | 一 亖 亖 亖 亖 言 言 訂 詚 評 評 課 課 課 | 課 | 課 | 課 | 課 | 課 | 課 | | | |
|---|---|---|---|---|---|---|---|---|---|---|

| 芽 | 改 | 械 | 害 |
|---|---|---|---|
| 음:ガ | 음:カイ | 음:カイ | 음:ガイ |
| 훈:め | 훈:あらためる, あらたまる | 훈: | 훈: |
| 発芽(ハツガ 발아)<br>芽(め 눈, 싹) | 改定(カイテイ 개정)<br>改める(あらためる 고치다, 바꾸다)<br>改まる(あらたまる 달라지다, 개선하다) | 機械(キカイ 기계) | 害虫(ガイチュウ 해충) |

## 芽
싹 아
획수:8획
부수:艸

一 十 十 芒 芽 芽 芽 芽　　　　芽

芽 芽 芽 | 芽 芽 芽

## 改
고칠 개
획수:7획
부수:攵

フ コ コ 己 己 改 改

改 改 改 | 改 改 改

## 械
형틀 계
획수:11획
부수:木

一 十 十 木 栌 栌 栌 栌 栌 械 械

械 械 械 | 械 械 械

## 害
해칠 해
획수:10획
부수:宀

丶 宀 宀 宀 宀 宀 害 害 害 害

害 害 害 | 害 害 害

| 街 | 各 | 覚 | 完 |
|---|---|---|---|
| 음:ガイ, カイ | 음:カク | 음:カク | 음:カン |
| 훈:まち | 훈:おのおの | 훈:おぼえる, さます, さめる | 훈: |
| 街灯(ガイトウ 가로등)<br>街道(カイドウ 가도)<br>街(まち 거리, 시가) | 各地(カクチ 각지)<br>各国(カッコク 각국)<br>各々(おのおの 각각) | 自覚(ジカク 자각)<br>覚える(おぼえる 기억하다)<br>覚ます(さます 깨우다, 깨다)<br>覚める(さめる 잠이 깨다) | 完全(カンゼン 완전) |

| 街<br><br>거리 **가**<br>획수:12획<br>부수:行 | ノ ク イ 彳 彳 往 街 街 街 街 街 街 |
|---|---|

街　街　街　｜　街 街 街

| 各<br><br>각각 **각**<br>획수:6획<br>부수:口 | ノ ク タ 冬 各 各 |
|---|---|

各　各　各　｜　各 各 各

| 覚<br><br>깨달을 **각**<br>획수:12획<br>부수:見 | 丶 丶 丷 丷 ヴ 学 学 労 労 労 労 覚　　　　　　　　　　　　　覺 |
|---|---|

覚　覚　覚　｜　覚 覚 覚

| 完<br><br>완전할 **완**<br>획수:7획<br>부수:宀 | 丶 丶 宀 宁 宇 宇 完 |
|---|---|

完　完　完　｜　完 完 完

1. 英雄 _____

2. 栄える _____

3. 塩分 _____

4. 一億 _____

5. 加工 _____

6. 果たす _____

7. 通貨 _____

8. 課題 _____

9. 発芽 _____

10. 改定 _____

11. 機械 _____

12. 害虫 _____

13. 街灯 _____

14. 各地 _____

15. 自覚 _____

16. 完全 _____

# Clip 05
# 초등학교 4학년 교육한자

▌ 초등학교 4학년 교육한자 16자의 音, 訓 학습

▌ 해당한자와 관련된 단어학습과 쓰기연습

官 管 関 観 願 希 季 紀 喜 旗 器 機 議 求 泣 救

▌ 초등학교 4학년 교육한자 16자의 音, 訓을 학습하여 이해할 수 있다.

▌ 해당한자와 관련된 단어학습과 쓰기연습을 통해 일본에서의 실생활에 활용할 수 있다.

| 官 | 管 | 関 | 観 |
|---|---|---|---|
| 음:カン | 음:カン | 음:カン | 음:カン |
| 훈: | 훈:くだ | 훈:せき | 훈: |
| 官庁(カンチョウ 관청) | 気管(キカン 기관)<br>管(くだ 관) | 関心(カンシン 관심)<br>関守(せきもり 관문지기) | 観光(カンコウ 관광) |

| 官<br><br>벼슬 관<br>획수:8획<br>부수:宀 | ′ ′ 宀 宀 宁 官 官 官 | | | | | | | |
|---|---|---|---|---|---|---|---|---|
| | 官 | 官 | 官 | 官 | 官 | 官 | | |

| 管<br><br>대롱 관<br>획수:14획<br>부수:竹 | ′ ′ ′ ′ ′′ ′′ ′′′ ′′′ ′′′′ ′′′′ 管 管 管 管 | | | | | | | |
|---|---|---|---|---|---|---|---|---|
| | 管 | 管 | 管 | 管 | 管 | 管 | | |

| 関<br><br>관계 관<br>획수:14획<br>부수:門 | l l′ l′′ l′′′ l′′′′ l′′′′′ l′′′′′′ 門 門 門 閂 閂 関 関 | | | | | | | 關 |
|---|---|---|---|---|---|---|---|---|
| | 関 | 関 | 関 | 関 | 関 | 関 | | |

| 観<br><br>볼 관<br>획수:18획<br>부수:見 | ′ ′ ′′ ′′′ ′′′′ ′′′′′ ′′′′′′ ′′′′′′′ 雈 雈 観 観 観 観 観 観 観 | | | | | | | 觀 |
|---|---|---|---|---|---|---|---|---|
| | 観 | 観 | 観 | 観 | 観 | 観 | | |

| 願 | 希 | 季 | 紀 |
|---|---|---|---|
| 음:ガン | 음:キ | 음:キ | 음:キ |
| 훈:ねがう | 훈: | 훈: | 훈: |
| 志願(シガン 지원)<br>願う(ねがう 바라다) | 希望(キボウ 희망) | 季節(キセツ 계절) | 紀元(キゲン 기원) |

| 願<br><br>바랄 **원**<br>획수:19획<br>부수:頁 | 一 厂 厂 厂 厉 厉 匠 原 原 原 原 原 願 願 願 願 願 願 願 |
|---|---|

願　願　願　| 願 | 願 | 願 |

| 希<br><br>바랄 **희**<br>획수:7획<br>부수:巾 | ノ メ チ チ ぞ 希 希 |
|---|---|

希　希　希　| 希 | 希 | 希 |

| 季<br><br>계절 **계**<br>획수:8획<br>부수:子 | 一 二 千 禾 禾 季 季 季 |
|---|---|

季　季　季　| 季 | 季 | 季 |

| 紀<br><br>벼리 **기**<br>획수:9획<br>부수:糸 | く 幺 幺 幺 糸 糸 糸 紀 紀 |
|---|---|

紀　紀　紀　| 紀 | 紀 | 紀 |

| 喜 | 旗 | 器 | 機 |
|---|---|---|---|
| 음:キ | 음:キ | 음:キ | 음:キ |
| 훈:よろこぶ | 훈:はた | 훈:うつわ | 훈:はた |
| 喜劇(キゲキ 희극)<br>喜ぶ(よろこぶ 기뻐하다, 즐거워하다) | 旗手(キシュ 기수)<br>旗(はた 기, 깃발) | 食器(ショッキ 식기)<br>器(うつわ 그릇, 용기) | 機会(キカイ 기회)<br>機(はた 베틀) |

| 喜<br><br>기쁠 희<br>획수:12획<br>부수:口 | 一 十 キ キ 吉 吉 吉 吉 吉 吉 喜 喜 |
|---|---|

| 旗<br><br>기 기<br>획수:14획<br>부수:方 | 丶 亠 方 方 方 旷 旷 斿 斿 斿 旌 旗 旗 旗 |
|---|---|

| 器<br><br>그릇 기<br>획수:15획<br>부수:口 | 丨 口 口 叩 吅 品 唱 哭 哭 哭 器 器 器 器　　　器 |
|---|---|

| 機<br><br>베틀 기<br>획수:16획<br>부수:木 | 一 十 才 木 札 栌 栌 栌 榉 榉 榉 桴 機 機 機 |
|---|---|

| 議 | 求 | 泣 | 救 |
|---|---|---|---|
| 음:ギ | 음:キュウ | 음:キュウ | 음:キュウ |
| 훈: | 훈:もとめる | 훈:なく | 훈:すくう |
| 会議(カイギ 회의) | 要求(ヨウキュウ 요구)<br>求める(もとめる 요청하다) | 号泣(ゴウキュウ 호읍, 소리 높이 욺)<br>泣く(なく 울다) | 救命(キュウメイ 구명)<br>救う(すくう 구하다, 돕다) |

| 議<br>익논할 의<br>획수:20획<br>부수:言 | 一 一 一 三 言 言 言 訓 訓 諯 諯 諯 誜 誜 誜 議 議 議 |
|---|---|
| | 議 議 議 議 議 議 |

| 求<br>구할 구<br>획수:7획<br>부수:水 | 一 十 寸 才 才 求 求 |
|---|---|
| | 求 求 求 求 求 求 |

| 泣<br>울 읍<br>획수:8획<br>부수:水 | 丶 丶 氵 氵 汁 泣 泣 泣 |
|---|---|
| | 泣 泣 泣 泣 泣 泣 |

| 救<br>구원할 구<br>획수:11획<br>부수:攵 | 一 十 寸 寸 才 求 求 求 救 救 救 |
|---|---|
| | 救 救 救 救 救 救 |

1. 官庁 _____
2. 管 _____
3. 関心 _____
4. 観光 _____
5. 願う _____
6. 希望 _____
7. 季節 _____
8. 紀元 _____
9. 喜劇 _____
10. 旗 _____
11. 食器 _____
12. 機 _____
13. 会議 _____
14. 求める _____
15. 泣く _____
16. 救命 _____

# Clip 01
## 초등학교 4학년 교육한자

▌ 초등학교 4학년 교육한자 16자의 흄, 訓 학습

▌ 해당한자와 관련된 단어학습과 쓰기연습

給 挙 漁 共 協 鏡 競 極 訓 軍 郡 径 型 景 芸 欠

▌ 초등학교 4학년 교육한자 16자의 흄, 訓을 학습하여 이해할 수 있다.

▌ 해당한자와 관련된 단어학습과 쓰기연습을 통해 일본에서의 실생활에 활용할 수 있다.

| 給 | 挙 | 漁 | 共 |
|---|---|---|---|
| 음:キュウ | 음:キョ | 음:ギョ, リョウ | 음:キョウ |
| 훈: | 훈:あげる, あがる | 훈: | 훈:とも |
| 給食(キュウショク 급식) | 快挙(カイキョ 쾌거)<br>挙げる(あげる 들다)<br>挙がる(あがる 오르다, 올라가다) | 漁業(ギョギョウ 어업)<br>漁師(リョウシ 어부, 고기잡이) | 共同(キョウドウ 공동)<br>共に(ともに 함께) |

**給**
줄 급
획수:12획
부수:糸

く ㄠ ㄠ ㄠ 糸 糸 糸 紀 紹 給 給 給

給 給 給 給 給 給

**挙**
들 거
획수:10획
부수:手

丶 丶 丷 丷 丷 兴 兴 兴 誉 誉 挙　　　　　　　　　　擧

挙 挙 挙 挙 挙 挙

**漁**
고기잡을 어
획수:14획
부수:水

丶 丶 氵 氵 氵 氵 汍 漁 漁 漁 漁 漁 漁 漁

漁 漁 漁 漁 漁 漁

**共**
함께 공
획수:6획
부수:八

一 十 卄 卄 共 共

共 共 共 共 共 共

| 協 | 鏡 | 競 | 極 |
|---|---|---|---|
| 음:キョウ | 음:キョウ | 음:キョウ, ケイ | 음:キョク, ゴク |
| 훈: | 훈:かがみ | 훈:きそう, せる | 훈:きわめる, きわまる, きわみ |
| 協力(キョウリョク 협력) | 望遠鏡(ボウエンキョウ 망원경)<br>鏡(かがみ 거울) | 競争(キョウソウ 경쟁)<br>競馬(ケイバ 경매)<br>競う(きそう 겨루다)<br>競る(せる 겨루다) | 極大(キョクダイ 극대)<br>極楽(ゴクラク 극락)<br>極める(きわめる 다하다)<br>極まる(きわまる 극도에 달하다)<br>極み(きわみ 극도, 극점) |

| 協<br>도울 **협**<br>획수:8획<br>부수:十 | 一 十 忄 护 协 協 協 協 |
|---|---|
| | 協 協 協 協 協 協 |

| 鏡<br>거울 **경**<br>획수:19획<br>부수:金 | ノ 八 八 二 牟 牟 金 金 金 釒 鈩 鈩 鋅 鍏 鍏 鍏 鐀 鏡 鏡 |
|---|---|
| | 鏡 鏡 鏡 鏡 鏡 鏡 |

| 競<br>다툴 **경**<br>획수:20획<br>부수:立 | ` 亠 艹 ヴ 立 产 咅 音 竞 竞 竞 竞 竞 竞 竞 竞 竞 竞 競 |
|---|---|
| | 競 競 競 競 競 競 |

| 極<br>다할 **극**<br>획수:12획<br>부수:木 | 一 十 才 木 杧 杤 杤 柯 柯 極 極 極 |
|---|---|
| | 極 極 極 極 極 極 |

| 訓 | 軍 | 郡 | 径 |
|---|---|---|---|
| 음:クン | 음:グン | 음:グン | 음:ケイ |
| 훈: | 훈: | 훈: | 훈: |
| 教訓(キョウクン 교훈) | 軍隊(グンタイ 군대) | 郡民(グンミン 군민) | 直径(チョッケイ 직경) |

| 訓 | 一 二 亖 言 言 言 訓 訓 訓 |
|---|---|
| 가르칠 **훈**<br>획수:10획<br>부수:言 | 訓 訓 訓 \| 訓 訓 訓 |

| 軍 | ' 一 一 冖 冟 冒 冒 軍 軍 |
|---|---|
| 군사 **군**<br>획수:9획<br>부수:車 | 軍 軍 軍 \| 軍 軍 軍 |

| 郡 | フ ヲ ヨ 尹 尹 君 君 君′ 郡 郡 |
|---|---|
| 고을 **군**<br>획수:10획<br>부수:阝 | 郡 郡 郡 \| 郡 郡 郡 |

| 径 | ' ノ ィ 彳 彳 径 径 径 |
|---|---|
| 지름길 **경**<br>획수:8획<br>부수:彳 | 径 径 径 \| 径 径 径 |

| 型 | 景 | 芸 | 欠 |
|---|---|---|---|
| 음:ケイ | 음:ケイ | 음:ゲイ | 음:ケツ |
| 훈:かた | 훈: | 훈: | 훈:かける, かく |
| 模型(モケイ 모형)<br>大型(おおがた 대형) | 光景(コウケイ 광경) | 芸術(ゲイジュツ 예술) | 欠乏(ケツボウ 결핍)<br>欠ける(かける 흠지다, 빠지다)<br>欠く(かく 결하다, 빠뜨리다) |

| 型 | 一 二 干 开 刑 刑 型 型 型 |
|---|---|
| 틀 **형**<br>획수:9획<br>부수:土 | 型　型　型　型 型 型 |

| 景 | 一 冂 日 戸 戸 吊 吊 吊 吊 景 景 景 |
|---|---|
| 경치 **경**<br>획수:12획<br>부수:日 | 景　景　景　景 景 景 |

| 芸 | 一 十 艹 芸 芸 芸 芸　　　　藝 |
|---|---|
| 재주 **예**<br>획수:7획<br>부수:艹 | 芸　芸　芸　芸 芸 芸 |

| 欠 | ノ 勹 勹 欠　　　　缺 |
|---|---|
| 모자랄 **결**<br>획수:4획<br>부수:欠 | 欠　欠　欠　欠 欠 欠 |

1. 給食 _____

2. 快挙 _____

3. 漁師 _____

4. 共同 _____

5. 協力 _____

6. 鏡 _____

7. 競馬 _____

8. 極楽 _____

9. 教訓 _____

10. 軍隊 _____

11. 群民 _____

12. 直径 _____

13. 大型 _____

14. 光景 _____

15. 芸術 _____

16. 欠乏 _____

# Clip 02
## 초등학교 4학년 교육한자

**학습내용**

▎초등학교 4학년 교육한자 16자의 音, 訓 학습

▎해당한자와 관련된 단어학습과 쓰기연습

結 建 健 験 固 功 好 候 航 康 告 差 菜 最 材 昨

**학습목표**

▎초등학교 4학년 교육한자 16자의 音, 訓을 학습하여 이해할 수 있다.

▎해당한자와 관련된 단어학습과 쓰기연습을 통해 일본에서의 실생활에 활용할 수 있다.

| 結 | 建 | 健 | 驗 |
|---|---|---|---|
| 음:ケツ, ケッ | 음:ケン, コン | 음:ケン | 음:ケン, ゲン |
| 훈:むすぶ, ゆう, ゆわえる | 훈:たてる, たつ | 훈:すこやか | 훈: |
| 結論(ケツロン 결론)<br>結果(ケッカ 결과)<br>結ぶ(むすぶ 잇다, 매다)<br>結う(ゆう 매다, 머리를 땋다)<br>結わえる(ゆわえる 매다, 묶다) | 建設(ケンセツ 건설)<br>建立(コンリュウ 건립)<br>建てる(たてる 세우다)<br>建つ(たつ 서다) | 健在(ケンザイ 건재)<br>健やか(すこやか 건강함, 튼튼함) | 試験(シケン 시험)<br>霊験(レイゲン 영험) |

| 結 | く 幺 幺 乎 糸 糸 糽 糺 結 結 結 結 | | | 結 結 結 | | |
|---|---|---|---|---|---|---|
| 맺을 **결**<br>획수:12획<br>부수:糸 | 結 | 結 | 結 | | | |

| 建 | ㄱ ㅋ ㅋ ㅋ ㅋ 聿 聿 津 建 | | | 建 建 建 | | |
|---|---|---|---|---|---|---|
| 세울 **건**<br>획수:9획<br>부수:廴 | 建 | 建 | 建 | | | |

| 健 | ノ イ イ' イ⁻ イ⁼ イ⁼ 仹 律 倖 健 | | | 健 健 健 | | |
|---|---|---|---|---|---|---|
| 건강할 **건**<br>획수:11획<br>부수:人 | 健 | 健 | 健 | | | |

| 驗 | I ㄷ ㄷ 匚 匚 馬 馬 馬 馬 馬 駄 駃 駗 驗 驗 驗 驗 | | | 驗 驗 驗 | | 驗 |
|---|---|---|---|---|---|---|
| 시험할 **험**<br>획수:18획<br>부수:馬 | 驗 | 驗 | 驗 | | | |

| 固 | 功 | 好 | 候 |
|---|---|---|---|
| 음:コ | 음:コウ, ク | 음:コウ | 음:コウ |
| 훈:かためる, かたまる, かたい | 훈: | 훈:このむ, すく | 훈:そうろう |
| 固定(コテイ 고정)<br>固める(かためる 굳히다, 다지다)<br>固まる(かたまる 굳어지다)<br>固い(かたい 단단하다) | 成功(セイコウ 성공)<br>功徳(クドク 공덕) | 好意(コウイ 호의)<br>好む(このむ 좋아하다, 즐기다)<br>好く(すく 좋아하다, 마음에 들다) | 気候(キコウ 기후)<br>候文(そうろうぶん 문어문의 일종) |

**固**
굳을 **고**
획수:8획
부수:囗

丨 冂 冃 冃 冋 固 固 固

固 固 固 固 固 固

**功**
공로 **공**
획수:5획
부수:力

一 T 工 功 功

功 功 功 功 功 功

**好**
좋을 **호**
획수:6획
부수:女

乚 乚 女 女 女 好 好

好 好 好 好 好 好

**候**
기후 **후**
획수:10획
부수:人

丿 亻 亻 仁 仁 仟 仔 俟 候 候

候 候 候 候 候 候

| 航 | 康 | 告 | 差 |
|---|---|---|---|
| 음:コウ | 음:コウ | 음:コク | 음:サ |
| 훈: | 훈: | 훈:つげる | 훈:さす |
| 欠航(ケッコウ 결항) | 健康(ケンコウ 건강) | 告白(コクハク 고백)<br>告げる(つげる 알리다, 전하다) | 差別(サベツ 차별)<br>差す(さす 비치다, 우산을 쓰다) |

### 航
건널 **항**
획수:10획
부수:舟

`´ 丿 冂 月 冃 舟 舟 舟 舟 舮 航`

航 航 航 航 航 航

### 康
편안할 **강**
획수:11획
부수:广

`´ 宀 广 广 庐 庐 序 庐 庚 康`

康 康 康 康 康 康

### 告
알릴 **고**
획수:7획
부수:口

`´ 广 牛 牛 生 告 告`

告 告 告 告 告 告

### 差
다를 **차**
획수:10획
부수:工

`` ` ` 丷 差 差 羊 差 差 差 差 ``

差 差 差 差 差 差

| 菜 | 最 | 材 | 昨 |
|---|---|---|---|
| 음:サイ | 음:サイ | 음:ザイ | 음:サク |
| 훈:な | 훈:もっとも | 훈: | 훈: |
| 野菜(ヤサイ 야채)<br>菜の花(なのはな 유채꽃) | 最近(サイキン 최근)<br>最も(もっとも 가장) | 材料(ザイリョウ 재료) | 昨夜(サクヤ 어젯밤) |

**菜**
나물 **채**
획수:11획
부수:艹

一 艹 艹 芊 芦 芢 茔 苙 菜 菜 菜 　　　菜

菜 菜 菜 | 菜 菜 菜 | | |

**最**
가장 **최**
획수:12획
부수:日

丨 冂 冃 月 旦 景 昜 昜 昜 最 最 最

最 最 最 | 最 最 最 | | |

**材**
재목 **재**
획수:7획
부수:木

一 十 才 木 杧 村 材

材 材 材 | 材 材 材 | | |

**昨**
어제 **작**
획수:9획
부수:日

丨 冂 日 日 旷 旷 昨 昨 昨

昨 昨 昨 | 昨 昨 昨 | | |

1. 結論 _____

2. 建設 _____

3. 健やか _____

4. 試験 _____

5. 固める _____

6. 成功 _____

7. 好む _____

8. 気候 _____

9. 欠航 _____

10. 健康 _____

11. 告白 _____

12. 差別 _____

13. 野菜 _____

14. 最近 _____

15. 材料 _____

16. 昨夜 _____

# Clip 03
# 초등학교 4학년 교육한자

札 刷 殺 察 参 産 散 残 士 氏 史 司 試 児 治 辞

| 札 | 刷 | 殺 | 察 |
|---|---|---|---|
| 음:サツ | 음:サツ | 음:サツ, セッ, サイ | 음:サツ |
| 훈:ふだ | 훈:する | 훈:ころす | 훈: |
| 書札(ショサツ 서찰)<br>名札(なふだ 명찰) | 増刷(ゾウサツ 증쇄)<br>刷る(する 인쇄하다, 찍다) | 殺人(サツジン 살인)<br>殺生(セッショウ 살생)<br>相殺(ソウサイ 상쇄)<br>殺す(ころす 죽이다) | 考察(コウサツ 고찰) |

| 札 패 **찰**<br>획수:5획<br>부수:木 | 一 十 才 木 札 |
|---|---|
| | 札 札 札 札 札 札 |

| 刷 인쇄할 **쇄**<br>획수:8획<br>부수:刀 | ㄱ ㄱ �尸 尸 月 屌 刷 刷 |
|---|---|
| | 刷 刷 刷 刷 刷 刷 |

| 殺 죽일 **살**,<br>감할 **쇄**<br>획수:10획<br>부수:殳 | ノ メ 二 采 采 采 采 采 殺 殺 殺 |
|---|---|
| | 殺 殺 殺 殺 殺 殺 |

| 察 살필 **찰**<br>획수:14획<br>부수:宀 | ' ' 宀 宀 宑 宋 宋 宋 突 宮 宮 察 察 察 |
|---|---|
| | 察 察 察 察 察 察 |

| 参 | 産 | 散 | 残 |
|---|---|---|---|
| 음:サン | 음:サン | 음:サン | 음:ザン |
| 훈:まいる | 훈:うむ, うまれる, うぶ | 훈:ちる, ちらす, ちらかす, ちらかる | 훈:のこる, のこす |
| 参加(サンカ 참가)<br>参る(まいる 가다, 오다의 겸양어) | 生産(セイサン 생산)<br>産む(うむ 낳다)<br>産まれる(うまれる 태어나다)<br>産毛(うぶげ 솜털) | 解散(カイサン 해산)<br>散る(ちる 지다, 떨어지다)<br>散らす(ちらす 어지르다)<br>散らかす(ちらかす 어지르다)<br>散らかる(ちらかる 흩어지다, 어질어지다) | 残業(ザンギョウ 잔업)<br>残る(のこる 남다)<br>残す(のこす 남기다) |

| 参<br><br>참여할 **참**,<br>석 **삼**<br>획수:8획<br>부수:厶 | ⺅ 厽 乡 夅 矣 参 参 | | | | | 参 |
|---|---|---|---|---|---|---|
| | 参 | 参 | 参 | 参 | 参 | 参 |

| 産<br><br>낳을 **산**<br>획수:11획<br>부수:生 | 亠 产 立 产 产 产 产 産 産 | | | | | |
|---|---|---|---|---|---|---|
| | 産 | 産 | 産 | 産 | 産 | 産 |

| 散<br><br>흩어질 **산**<br>획수:12획<br>부수:攵 | 一 十 廿 艹 芺 昔 背 背 背 散 散 | | | | | |
|---|---|---|---|---|---|---|
| | 散 | 散 | 散 | 散 | 散 | 散 |

| 残<br><br>나머지 **잔**<br>획수:10획<br>부수:歹 | 一 丆 歹 歹 歹 歹 残 残 残 | | | | | 残 |
|---|---|---|---|---|---|---|
| | 残 | 残 | 残 | 残 | 残 | 残 |

| 士 | 氏 | 史 | 司 |
|---|---|---|---|
| 음:シ | 음:シ | 음:シ | 음:シ |
| 훈: | 훈:うじ | 훈: | 훈: |
| 武士(ブシ 무사) | 氏族(シゾク 씨족)<br>氏(うじ 성) | 世界史(セカイシ 세계사) | 上司(ジョウシ 상사) |

| | | | | | | | |
|---|---|---|---|---|---|---|---|
| **士**<br>선비 **사**<br>획수:3획<br>부수:士<br>(제부수) | 一 十 士 | | | | | | |
| | 士 | 士 | 士 | 士 | 士 | 士 | |
| **氏**<br>성 **씨**<br>획수:4획<br>부수:氏<br>(제부수) | 一 𠄌 𠃉 氏 | | | | | | |
| | 氏 | 氏 | 氏 | 氏 | 氏 | 氏 | |
| **史**<br>역사 **사**<br>획수:5획<br>부수:口 | 丨 口 口 史 史 | | | | | | |
| | 史 | 史 | 史 | 史 | 史 | 史 | |
| **司**<br>맡을 **사**<br>획수:5획<br>부수:口 | フ ヲ 司 司 司 | | | | | | |
| | 司 | 司 | 司 | 司 | 司 | 司 | |

| 試 | 児 | 治 | 辞 |
|---|---|---|---|
| 음:シ | 음:ジ, ニ | 음:ジ, チ | 음:ジ |
| 훈:こころみる, ためす | 훈: | 훈:おさめる, おさまる, なおる, なおす | 훈:やめる |
| 試食(シショク 시식)<br>試みる(こころみる 시도해 보다)<br>試す(ためす 시험하다) | 幼児(ヨウジ 유아)<br>小児科(ショウニカ 소아과) | 政治(セイジ 정치)<br>治安(チアン 치안)<br>治める(おさめる 다스리다)<br>治まる(おさまる 고요해지다, 가라앉다), 治る(なおる 낫다)<br>治す(なおす 고치다) | 辞退(ジタイ 사퇴)<br>辞める(やめる 끊다, 그만두다) |

## 試

시험할 시
획수:13획
부수:言

一 亠 늘 言 言 言 言 訂 試 試 試

試 試 試 | 試 試 試

## 児

아이 아
획수:7획
부수:儿

丨 丨丨 冂 冃 旧 児 児　　　　兒

児 児 児 | 児 児 児

## 治

다스릴 치
획수:8획
부수:水

丶 丶 氵 汋 汋 治 治 治

治 治 治 | 治 治 治

## 辞

물러날 사
획수:13획
부수:辛

一 二 千 千 舌 舌 舌 舌 辞 辞 辞 辞　　辭

辞 辞 辞 | 辞 辞 辞

1. 名札 _____
2. 増刷 _____
3. 殺人 _____
4. 考察 _____
5. 参る _____
6. 生産 _____
7. 解散 _____
8. 残る _____
9. 武士 _____
10. 氏 _____
11. 世界史 _____
12. 上司 _____
13. 試みる _____
14. 幼児 _____
15. 治安 _____
16. 辞退 _____

# Clip 04
# 초등학교 4학년 교육한자

**학습내용**

▎초등학교 4학년 교육한자 16자의 音, 訓 학습

▎해당한자와 관련된 단어학습과 쓰기연습

失借種周祝順初松笑唱燒象照賞臣信

**학습목표**

▎초등학교 4학년 교육한자 16자의 音, 訓을 학습하여 이해할 수 있다.

▎해당한자와 관련된 단어학습과 쓰기연습을 통해 일본에서의 실생활에 활용할 수 있다.

| 失 | 借 | 種 | 周 |
|---|---|---|---|
| 음:シツ | 음:シャク, シャッ | 음:シュ | 음:シュウ |
| 훈:うしなう | 훈:かりる | 훈:たね | 훈:まわり |
| 失望(シツボウ 실망)<br>失う(うしなう 잃다) | 借用(シャクヨウ 차용)<br>借金(シャッキン 빚)<br>借りる(かりる 빌리다) | 種類(シュルイ 종류)<br>種(たね 씨앗) | 一周(イッシュウ 일주)<br>周り(まわり 주위, 주변) |

| 失<br><br>잃을 **실**<br>획수:5획<br>부수:大 | ノ ト ヒ 失 失 |
|---|---|
| | 失 失 失 失 失 失 |

| 借<br><br>빌릴 **차**<br>획수:10획<br>부수:人 | ノ イ 仁 仁 仹 借 借 借 借 借 |
|---|---|
| | 借 借 借 借 借 借 |

| 種<br><br>씨앗 **종**<br>획수:14획<br>부수:禾 | ノ ニ 千 千 禾 禾 秆 秆 秆 稆 稆 稆 種 種 |
|---|---|
| | 種 種 種 種 種 種 |

| 周<br><br>두루 **주**<br>획수:8획<br>부수:口 | ノ 刀 月 用 用 周 周 周 |
|---|---|
| | 周 周 周 周 周 周 |

| 祝 | 順 | 初 | 松 |
|---|---|---|---|
| 음:シュク, シュウ | 음:ジュン | 음:ショ | 음:ショウ |
| 훈:いわう | 훈: | 훈:はじめ, はじめて, はつ, そめる, うい | 훈:まつ |
| 祝辞(シュクジ 축사)<br>祝言(シュウゲン 축하의 말, 경사)<br>祝う(いわう 축하하다) | 順序(ジュンジョ 순서) | 初日(ショニチ 첫 날)<br>初め(はじめ 처음, 시초)<br>初めて(はじめて 처음으로)<br>初雪(はつゆき 첫 눈)<br>初める(そめる 〜하기 시작하다)<br>初(うい 초, 첫, 처음의) | 老松(ロウショウ 노송)<br>松(まつ 소나무) |

**祝**
빌 **축**
획수:9획
부수:示/ネ

' ﾌ ﾈ ﾈ ﾈ 初 初 祝 祝　　　　祝

祝 祝 祝 祝 祝 祝

**順**
순할 **순**
획수:12획
부수:頁

丿 刂 川 川 川 川 順 順 順 順 順 順

順 順 順 順 順 順

**初**
처음 **초**
획수:7획
부수:刀

' ﾌ ﾈ ﾈ ﾈ 初 初

初 初 初 初 初 初

**松**
소나무 **송**
획수:8획
부수:木

一 十 才 木 杧 松 松 松

松 松 松 松 松 松

| 笑 | 唱 | 焼 | 象 |
|---|---|---|---|
| 음:ショウ | 음:ショウ | 음:ショウ | 음:ショウ, ゾウ |
| 훈:わらう, えむ | 훈:となえる | 훈:やく, やける | 훈: |
| 苦笑(クショウ 쓴 웃음)<br>笑う(わらう 웃다)<br>笑む(えむ 미소짓다) | 合唱(ガッショウ 합창)<br>唱える(となえる 주창하다) | 焼失(ショウシツ 소실)<br>焼く(やく 굽다, 태우다)<br>焼ける(やける 타다, 구워지다) | 現象(ゲンショウ 현상)<br>象(ゾウ 코끼리) |

**笑**
웃을 소
획수:10획
부수:竹

丿 ⺊ ⺥ ⺮ 竺 竺 竺 竺 笑 笑

笑 笑 笑 | 笑 笑 笑

**唱**
노래부를 창
획수:11획
부수:口

丨 冂 冂 吅 吅 吅 唱 唱 唱 唱

唱 唱 唱 | 唱 唱 唱

**焼**
불사를 조
획수:12획
부수:火

丶 丷 ⺍ 火 灯 灯 灯 焼 焼 焼 焼 焼　　　　　　　焼

焼 焼 焼 | 焼 焼 焼

**象**
코끼리 상
획수:12획
부수:豕

丿 ⺈ ⺈ 牟 角 角 争 争 象 象 象

象 象 象 | 象 象 象

| 照 | 賞 | 臣 | 信 |
|---|---|---|---|
| 음:ショウ | 음:ショウ | 음:シン, ジン | 음:シン |
| 훈:てる, てらす, てれる | 훈: | 훈: | 훈: |
| 照明(ショウメイ 조명)<br>照る(てる 비치다, 빛나다)<br>照らす(てらす 비추다, 밝히다)<br>照れる(てれる 쑥스러워하다,<br>수줍어하다) | 賞金(ショウキン 상금) | 臣下(シンカ 신하)<br>大臣(ダイジン 장관) | 信用(シンヨウ 신용) |

| 照<br><br>비출 조<br>획수:13획<br>부수:火 | 丨 冂 冂 日 日ク 町 昭 照 照 照 照 照 照<br>照 照 照 照 照 照 |
|---|---|

| 賞<br><br>상줄 상<br>획수:15획<br>부수:貝 | 丶 丶 ハ ハハ 肖 肖 肖 肖 肖 肖 肖 肖 賞 賞<br>賞 賞 賞 賞 賞 賞 |
|---|---|

| 臣<br><br>신하 신<br>획수:7획<br>부수:臣<br>(제부수) | 丨 厂 厂 厇 臣 臣 臣<br>臣 臣 臣 臣 臣 臣 |
|---|---|

| 信<br><br>믿을 신<br>획수:9획<br>부수:人 | 丿 亻 亻 亻 信 信 信 信 信<br>信 信 信 信 信 信 |
|---|---|

1. 失望 _____

2. 借用 _____

3. 種 _____

4. 一周 _____

5. 祝う _____

6. 順序 _____

7. 初日 _____

8. 老松 _____

9. 苦笑 _____

10. 唱える _____

11. 焼失 _____

12. 現象 _____

13. 照明 _____

14. 賞金 _____

15. 大臣 _____

16. 信用 _____

# Clip 05
# 초등학교 4학년 교육한자

**학습내용**

▮ 초등학교 4학년 교육한자 16자의 音, 訓 학습

▮ 해당한자와 관련된 단어학습과 쓰기연습

成 省 清 静 席 積 折 節 説 浅 戦 選 然 争 倉 巣

**학습목표**

▮ 초등학교 4학년 교육한자 16자의 音, 訓을 학습하여 이해할 수 있다.

▮ 해당한자와 관련된 단어학습과 쓰기연습을 통해 일본에서의 실생활에 활용할 수 있다.

| 成 | 省 | 清 | 静 |
|---|---|---|---|
| 음:セイ, ジョウ | 음:セイ, ショウ | 음:セイ | 음:セイ, ジョウ |
| 훈:なる, なす | 훈:はぶく, かえりみる | 훈:きよい, きよまる, きよめる | 훈:しずか, しずまる, しずめる |
| 成長(セイチョウ 성장)<br>成就(ジョウジュ 성취)<br>成る(なる 이루어지다)<br>成す(なす 이루다) | 反省(ハンセイ 반성)<br>省略(ショウリャク 생략)<br>省く(はぶく 제거하다)<br>省みる(かえりみる 뒤돌아보다,<br>반성하다) | 清算(セイサン 청산)<br>清い(きよい 맑다)<br>清まる(きよまる 맑아지다)<br>清める(きよめる 맑게 하다) | 静電気(セイデンキ 정전기)<br>静脈(ジョウミャク 정맥)<br>静か(しずか 조용함, 고요함)<br>静まる(しずまる 조용해지다)<br>静める(しずめる 조용하게 하다) |

| 成<br><br>이룰 성<br>획수:6획<br>부수:戈 | 一 厂 厂 成 成 成 |
|---|---|
| | 成 成 成 　成 成 成 |

| 省<br><br>살필 성<br>줄일 생<br>획수:9획<br>부수:目 | 丿 丿 小 少 少 省 省 省 省 |
|---|---|
| | 省 省 省 　省 省 省 |

| 清<br><br>맑을 청<br>획수:11획<br>부수:水 | 丶 丶 氵 汀 汀 汫 浐 清 清 清 清　　　　　　　清 |
|---|---|
| | 清 清 清 　清 清 清 |

| 静<br><br>고요할 정<br>획수:14획<br>부수:青 | 一 二 丰 主 丰 ⺫ 青 青 靑 靑 靜 静 静 静　　　静 |
|---|---|
| | 静 静 静 　静 静 静 |

| 席 | 積 | 折 | 節 |
|---|---|---|---|
| 음:セキ | 음:セキ | 음:セツ | 음:セツ, セチ |
| 훈: | 훈:つむ, つもる | 훈:おる, おり, おれる | 훈:ふし |
| 出席(シュッセキ 출석) | 体積(タイセキ 체적)<br>積む(つむ 쌓다)<br>積もる(つもる 쌓이다) | 骨折(コッセツ 골절)<br>折る(おる 접다, 굽히다)<br>折れる(おれる 접히다, 부러지다) | 節約(セツヤク 절약)<br>お節料理(オセチリョウリ 일본의 설날음식)<br>節目(ふしめ 나무 마디, 고비) |

| 席<br><br>자리 석<br>획수:10획<br>부수:巾 | 丶 亠 广 庐 庐 庐 庐 庐 庐 席<br>席 席 席　席 席 席 |
|---|---|

| 積<br><br>쌓을 적<br>획수:16획<br>부수:禾 | 一 二 千 千 禾 禾 禾 秅 秬 秬 積 積 積 積 積 積<br>積 積 積　積 積 積 |
|---|---|

| 折<br><br>꺾을 절<br>획수:7획<br>부수:手 | 一 十 扌 打 扩 折 折<br>折 折 折　折 折 折 |
|---|---|

| 節<br><br>마디 절<br>획수:13획<br>부수:竹 | ノ ト と と 竻 筍 筍 笁 笁 節 節 節 節　　節<br>節 節 節　節 節 節 |
|---|---|

| 説 | 浅 | 戦 | 選 |
|---|---|---|---|
| 음:セツ, ゼイ | 음:セン | 음:セン | 음:セン |
| 훈:とく | 훈:あさい | 훈:たたかう, いくさ | 훈:えらぶ |
| 説明(セツメイ 설명)<br>遊説(ユウゼイ 유세)<br>説く(とく 설득하다) | 浅薄(センパク 천박)<br>浅い(あさい 얕다) | 作戦(サクセン 작전)<br>戦う(たたかう 싸우다)<br>戦(いくさ 전쟁, 싸움) | 選挙(センキョ 선거)<br>選ぶ(えらぶ 고르다) |

### 説
말씀 **설**, 달랠 **세**
획수:14획
부수:言

` 丶 亠 亖 言 言 言 訁 訁 訃 說 說 說 說`

説 説 説 | 説 説 説

### 浅
얕을 **천**
획수:9획
부수:水

`丶 冫 氵 汇 泮 浅 浅 浅` 　　淺

浅 浅 浅 | 浅 浅 浅

### 戦
싸울 **전**
획수:13획
부수:戈

`丶 丶 丷 䒑 肖 肖 甾 単 単 単 戦 戦 戦` 　　戰

戦 戦 戦 | 戦 戦 戦

### 選
뽑을 **선**
획수:15획
부수:辶

`⺄ 己 巳 邑 邑 邑 㠯 㠯 巽 巽 巽 巽 選 選` 　　選

選 選 選 | 選 選 選

| 然 | 争 | 倉 | 巣 |
|---|---|---|---|
| 음:ゼン, ネン | 음:ソウ | 음:ソウ | 음:ソウ |
| 훈: | 훈:あらそう | 훈:くら | 훈:す |
| 当然(トウゼン 당연)<br>天然(テンネン 천연) | 論争(ロンソウ 논쟁)<br>争う(あらそう 다투다, 싸우다) | 倉庫(ソウコ 창고)<br>倉(くら 창고) | 帰巣(キソウ 귀소)<br>巣(す 새·곤충의 집) |

| 然<br><br>그러할 **연**<br>획수:12획<br>부수:火 | ノ クタタ ターターターター然然然然然然 |
|---|---|
| | 然 然 然 然然然 |

| 争<br><br>다툴 **쟁**<br>획수:6획<br>부수:亅 | ノ ク ク 句 句 争         争 |
|---|---|
| | 争 争 争 争争争 |

| 倉<br><br>창고 **창**<br>획수:10획<br>부수:人 | ノ 入 今 今 今 合 倉 倉 倉 倉 |
|---|---|
| | 倉 倉 倉 倉倉倉 |

| 巣<br><br>새집 **소**<br>획수:11획<br>부수:ツ | ` ` ` ` ⺍ ⺌ 肖 肖 肖 単 単 巣       巣 |
|---|---|
| | 巣 巣 巣 巣巣巣 |

1. 成就 _____

2. 省略 _____

3. 清算 _____

4. 静脈 _____

5. 出席 _____

6. 積む _____

7. 骨折 _____

8. 節約 _____

9. 遊説 _____

10. 浅い _____

11. 作戦 _____

12. 選挙 _____

13. 天然 _____

14. 争う _____

15. 倉庫 _____

16. 巣 _____

# Clip 01
# 초등학교 4학년 교육한자

학습내용

▌ 초등학교 4학년 교육한자 16자의 音, 訓 학습
▌ 해당한자와 관련된 단어학습과 쓰기연습

束 側 続 卒 孫 帯 隊 達 単 置 仲 貯 兆 腸 低 底

학습목표

▌ 초등학교 4학년 교육한자 16자의 音, 訓을 학습하여 이해할 수 있다.

▌ 해당한자와 관련된 단어학습과 쓰기연습을 통해 일본에서의 실생활에 활용할 수 있다.

| 束 | 側 | 続 | 卒 |
|---|---|---|---|
| 음:ソク | 음:ソク | 음:ゾク | 음:ソツ |
| 훈:たば | 훈:かわ | 훈:つづく, つづける | 훈: |
| 約束(ヤクソク 약속)<br>束(たば 다발, 묶음) | 側面(ソクメン 측면)<br>内側(うちがわ 안쪽) | 接続(セツゾク 접속)<br>続く(つづく 지속되다, 계속되다)<br>続ける(つづける 계속하다) | 卒業(ソツギョウ 졸업) |

### 束
**묶을 속**
획수:7획
부수:木

一 丆 丆 戸 戸 束 束

束 束 束 | 束 束 束

### 側
**곁 측**
획수:11획
부수:人

丿 亻 亻 俏 俏 俏 俏 側 側 側

側 側 側 | 側 側 側

### 続
**이을 속**
획수:13획
부수:糸

く 幺 幺 幺 糸 糸 糸 紅 紵 続 続 続 続　　　續

続 続 続 | 続 続 続

### 卒
**마칠 졸**
획수:8획
부수:十

亠 亠 广 卆 卆 卆 卒 卒

卒 卒 卒 | 卒 卒 卒

| 孫 | 帯 | 隊 | 達 |
|---|---|---|---|
| 음:ソン | 음:タイ | 음:タイ | 음:タツ |
| 훈:まご | 훈:おびる, おび | 훈: | 훈:たち |
| 子孫(シソン 자손)<br>孫(まご 손자) | 熱帯(ネッタイ 열대)<br>帯びる(おびる 차다, 띠다)<br>帯(おび 띠) | 軍隊(グンタイ 군대) | 達人(タツジン 달인)<br>友達(ともだち 친구) |

---

**孫**
손자 **손**
획수:10획
부수:子

` ` 了 子 子 孑 孖 孫 孫 孫 孫

孫 孫 孫 孫 孫 孫

---

**帯**
띠 **대**
획수:10획
부수:巾

一 十 卅 卅 帯 帯 帯 帯 帯 帯

帯 帯 帯 帯 帯 帯

---

**隊**
무리 **대**
획수:12획
부수:阝

` ` 阝 阝 阝 阝 阝 阶 阵 隊 隊 隊　　　隊

隊 隊 隊 隊 隊 隊

---

**達**
이를 **달**
획수:12획
부수:辶

一 十 土 去 去 幸 幸 幸 幸 達 達 達　　　達

達 達 達 達 達 達

| 単 | 置 | 仲 | 貯 |
|---|---|---|---|
| 음:タン | 음:チ | 음:チュウ | 음:チョ |
| 훈: | 훈:おく | 훈:なか | 훈: |
| 単独(タンドク 단독) | 配置(ハイチ 배치)<br>置く(おく 두다) | 仲裁(チュウサイ 중재)<br>仲間(なかま 한패, 동료) | 貯金(チョキン 저금) |

| | |
|---|---|
| 単<br><br>홑 단<br>획수:9획<br>부수:ツ | ` ´ ` `´ ´ 广 ` 当 当 単 単　　　　　　　　單<br>単 単 単 \| 単 単 単 |

| | |
|---|---|
| 置<br><br>둘 치<br>획수:13획<br>부수:罒 | ` 一 一 一 一 一 一 一 一 一 一 一 置<br>置 置 置 \| 置 置 置 |

| | |
|---|---|
| 仲<br><br>중개할 중<br>획수:6획<br>부수:人 | ` ´ ´ ´ 仲 仲<br>仲 仲 仲 \| 仲 仲 仲 |

| | |
|---|---|
| 貯<br><br>쌓을 저<br>획수:12획<br>부수:貝 | ` 一 一 日 日 目 目 貝 貝 貯 貯 貯 貯<br>貯 貯 貯 \| 貯 貯 貯 |

| 兆 | 腸 | 低 | 底 |
|---|---|---|---|
| 음:チョウ | 음:チョウ | 음:テイ | 음:テイ |
| 훈:きざす, きざし | 훈: | 훈:ひくい, ひくめる, ひくまる | 훈:そこ |
| 前兆(ゼンチョウ 전조)<br>兆す(きざす 트다, 움트다)<br>兆し(きざし 조짐, 징조) | 大腸(ダイチョウ 대장) | 低温(テイオン 저온)<br>低い(ひくい 낮다)<br>低める(ひくめる 낮추다, 굽히다)<br>低まる(ひくまる 낮아지다) | 海底(カイテイ 해저)<br>底(そこ 밑바닥) |

| 兆<br><br>조짐 **조**<br>획수:6획<br>부수:儿 | ノ ソ ゾ ゾ 兆 兆 兆 |
|---|---|
| | 兆 兆 兆 兆 兆 兆 |

| 腸<br><br>창자 **장**<br>획수:13획<br>부수:月 | 丿 刀 月 月 月 胛 胛 胛 腭 腭 腸 腸 腸 |
|---|---|
| | 腸 腸 腸 腸 腸 腸 |

| 低<br><br>낮을 **저**<br>획수:7획<br>부수:人 | ノ イ イ 仁 仟 低 低 |
|---|---|
| | 低 低 低 低 低 低 |

| 底<br><br>밑 **저**<br>획수:8획<br>부수:广 | 丶 亠 广 广 庐 底 底 底 |
|---|---|
| | 底 底 底 底 底 底 |

1. 束　_____

2. 側面　_____

3. 接続　_____

4. 卒業　_____

5. 孫　_____

6. 熱帯　_____

7. 軍隊　_____

8. 達人　_____

9. 単独　_____

10. 配置　_____

11. 仲裁　_____

12. 貯金　_____

13. 兆す　_____

14. 大腸　_____

15. 低温　_____

16. 海底　_____

# Clip 02
# 초등학교 4학년 교육한자

▋ 초등학교 4학년 교육한자 16자의 音, 訓 학습
▋ 해당한자와 관련된 단어학습과 쓰기연습

停 的 典 伝 徒 努 灯 堂 働 特 得 毒 熱 念 敗 梅

▋ 초등학교 4학년 교육한자 16자의 音, 訓을 학습하여 이해할 수 있다.
▋ 해당한자와 관련된 단어학습과 쓰기연습을 통해 일본에서의 실생활에 활용할 수 있다.

| 停 | 的 | 典 | 伝 |
|---|---|---|---|
| 음:テイ | 음:テキ | 음:テン | 음:デン |
| 훈: | 훈:まと | 훈: | 훈:つたわる, つたえる, つたう |
| 停止(テイシ 정지) | 目的(モクテキ 목적)<br>的(まと 과녁) | 式典(シキテン 식전) | 伝説(デンセツ 전설)<br>伝わる(つたわる 전해지다)<br>伝える(つたえる 전하다, 알리다)<br>伝う(つたう 이동하다) |

**停**
머무를 **정**
획수:11획
부수:人

ノ イ イ 广 疒 疒 停 停 停 停 停

停 停 停 停 停 停

**的**
과녁 **적**
획수:8획
부수:白

ノ イ 自 自 白 的 的 的

的 的 的 的 的 的

**典**
책 **전**
획수:8획
부수:八

一 门 日 由 曲 曲 典 典

典 典 典 典 典 典

**伝**
전할 **전**
획수:6획
부수:人

ノ イ 仁 仁 伝 伝

傳

伝 伝 伝 伝 伝 伝

| 徒 | 努 | 灯 | 堂 |
|---|---|---|---|
| 음:ト | 음:ド | 음:トウ | 음:ドウ |
| 훈: | 훈:つとめる | 훈:ひ | 훈: |
| 徒歩(トホ 도보) | 努力(ドリョク 노력)<br>努める(つとめる 노력하다) | 灯台(トウダイ 등대)<br>灯(ひ 등불) | 講堂(コウドウ 강당) |

**徒** 무리 도<br>획수:10획<br>부수:彳

ノ ク イ 彳 彳 彳 徍 徔 徒 徒

徒 徒 徒 徒 徒 徒

**努** 힘쓸 노<br>획수:7획<br>부수:力

乆 夕 女 奴 奴 努 努

努 努 努 努 努 努

**灯** 등불 등<br>획수:6획<br>부수:火

丶 丷 火 火 灯 灯　　　　　　燈

灯 灯 灯 灯 灯 灯

**堂** 집 당<br>획수:11획<br>부수:土

丨 丷 丷 丷 堂 堂 堂 堂 堂 堂 堂

堂 堂 堂 堂 堂 堂

| 働 | 特 | 得 | 毒 |
|---|---|---|---|
| 음:ドウ | 음:トク | 음:トク | 음:ドク |
| 훈:はたらく | 훈: | 훈:える, うる | 훈: |
| 労働(ロウドウ 노동)<br>働く(はたらく 일하다) | 特別(トクベツ 특별) | 得点(トクテン 득점)<br>得る(える 얻다)<br>得る(うる 손에 넣다, 얻다) | 毒薬(ドクヤク 독약) |

## 働

ノ イ 亻 仁 仨 侖 信 信 俥 俥 僮 働 働

일할 **동**
획수:13획
부수:人

## 特

ノ 宀 ヒ 牛 牜 牜 牜 牦 特 特

특별할 **특**
획수:10획
부수:牛

## 得

ノ 彳 彳 律 律 律 律 得 得 得 得

얻을 **득**
획수:11획
부수:彳

## 毒

一 二 丰 圭 늘 毒 毒 毒

독 **독**
획수:8획
부수:毌

| 熱 | 念 | 敗 | 梅 |
|---|---|---|---|
| 음:ネツ | 음:ネン | 음:ハイ, パイ | 음:バイ |
| 훈:あつい | 훈: | 훈:やぶれる | 훈:うめ |
| 熱意(ネツイ 열의)<br>熱心(ネッシン 열심)<br>熱い(あつい 뜨겁다) | 信念(シンネン 신념) | 敗戦(ハイセン 패전)<br>失敗(シッパイ 실패)<br>敗れる(やぶれる 패하다) | 梅園(バイエン 매원)<br>梅(うめ 매화) |

| | |
|---|---|
| **熱**<br>더울 **열**<br>획수:15획<br>부수:火 | 一 十 土 产 坴 坴 幸 幸 刻 刻 軌 軌 軌 軌 軌 熱 |

熱 熱 熱 熱 熱 熱

| | |
|---|---|
| **念**<br>생각 **념**<br>획수:8획<br>부수:心 | ノ 人 人 今 今 念 念 念 |

念 念 念 念 念 念

| | |
|---|---|
| **敗**<br>패할 **패**<br>획수:11획<br>부수:攵 | ｜ 冂 冂 目 目 目 貝 貯 財 財 敗 |

敗 敗 敗 敗 敗 敗

| | |
|---|---|
| **梅**<br>매화나무 **매**<br>획수:10획<br>부수:木 | 一 十 才 才 木 栌 栌 栌 梅 梅 梅 |

梅 梅 梅 梅 梅 梅

1. 停止 _____

2. 的 _____

3. 式典 _____

4. 伝わる _____

5. 徒歩 _____

6. 努力 _____

7. 灯台 _____

8. 講堂 _____

9. 働く _____

10. 特別 _____

11. 得点 _____

12. 毒薬 _____

13. 熱意 _____

14. 信念 _____

15. 敗戦 _____

16. 梅 _____

# Clip 03
# 초등학교 4학년 교육한자

▮ 초등학교 4학년 교육한자 16자의 音, 訓 학습
▮ 해당한자와 관련된 단어학습과 쓰기연습

博 飯 飛 費 必 票 標 不 夫 付 府 副 粉 兵 別 辺

▮ 초등학교 4학년 교육한자 16자의 音, 訓을 학습하여 이해할 수 있다.
▮ 해당한자와 관련된 단어학습과 쓰기연습을 통해 일본에서의 실생활에 활용할 수 있다.

| 博 | 飯 | 飛 | 費 |
|---|---|---|---|
| 음:ハク, バク | 음:ハン | 음:ヒ | 음:ヒ |
| 훈: | 훈:めし | 훈:とぶ, とばす | 훈:ついやす, ついえる |
| 博愛(ハクアイ 박애)<br>博労(バクロウ 소, 말의 매매나<br>중개를 하는 사람) | 夕飯(ユウハン 저녁 밥)<br>飯(めし 밥) | 飛行士(ヒコウシ 비행사)<br>飛ぶ(とぶ 날다)<br>飛ばす(とばす 날리다) | 費用(ヒヨウ 비용)<br>費やす(ついやす 쓰다, 소비<br>하다)<br>費える(ついえる 축나다, 줄다) |

**博** 넓을 **박**
획수:12획
부수:十

一 十 十 忄 忄 忄 忄 博 博 博 博 博

博 博 博 博 博 博

**飯** 밥 **반**
획수:12획
부수:食

丿 亻 亽 今 今 今 食 食 飣 飣 飯 飯　飯

飯 飯 飯 飯 飯 飯

**飛** 날 **비**
획수:9획
부수:飛
(제부수)

乁 乁 乁 飞 飞 飛 飛 飛 飛

飛 飛 飛 飛 飛 飛

**費** 쓸 **비**
획수:12획
부수:貝

一 コ ヨ 弗 弗 弗 弗 費 費 費 費

費 費 費 費 費 費

| 必 | 票 | 標 | 不 |
|---|---|---|---|
| 음:ヒツ | 음:ヒョウ | 음:ヒョウ | 음:フ, ブ |
| 훈:かならず | 훈: | 훈: | 훈: |
| 必要(ヒツヨウ 필요)<br>必ず(かならず 반드시, 꼭) | 投票(トウヒョウ 투표) | 目標(モクヒョウ 목표) | 不安(フアン 불안)<br>不器用(ブキヨウ 손재주가<br>없음) |

| | |
|---|---|
| **必**<br><br>반드시 **필**<br>획수:5획<br>부수:心 | ` ゛ ノ 必 必 必<br>必 必 必 必必必 |

| | |
|---|---|
| **票**<br><br>표 **표**<br>획수:11획<br>부수:示 | 一 丆 币 币 西 西 西 覀 覀 票 票<br>票 票 票 票票票 |

| | |
|---|---|
| **標**<br><br>표시할 **표**<br>획수:15획<br>부수:木 | 一 十 才 木 栌 栌 栌 栖 栖 標 標 標 標 標 標<br>標 標 標 標標標 |

| | |
|---|---|
| **不**<br><br>아닐 **불**<br>획수:4획<br>부수:一 | 一 丆 オ 不<br>不 不 不 不不不 |

| 夫 | 付 | 府 | 副 |
|---|---|---|---|
| 음:フ, フウ | 음:フ | 음:フ | 음:フク |
| 훈:おっと | 훈:つける, つく | 훈: | 훈: |
| 夫人(フジン 부인)<br>夫婦(フウフ 부부)<br>夫(おっと 남편) | 付属(フゾク 부속)<br>付ける(つける 붙이다, 달다)<br>付く(つく 붙다) | 政府(セイフ 정부) | 副作用(フクサヨウ 부작용) |

| 夫<br><br>사내 **부**<br>획수:4획<br>부수:大 | 一 二 チ 夫 |
|---|---|
| | 夫 夫 夫 夫 夫 夫 |

| 付<br><br>줄 **부**<br>획수:5획<br>부수:人 | ノ イ イ 什 付 |
|---|---|
| | 付 付 付 付 付 付 |

| 府<br><br>관청 **부**<br>획수:8획<br>부수:广 | ` 一 广 广 广 庁 府 府 |
|---|---|
| | 府 府 府 府 府 府 |

| 副<br><br>버금 **부**<br>획수:11획<br>부수:刀 | 一 一 一 一 戸 戸 吊 畐 畐 副 副 |
|---|---|
| | 副 副 副 副 副 副 |

| 粉 | 兵 | 別 | 辺 |
|---|---|---|---|
| 음:フン | 음:ヘイ, ヒョウ | 음:ベツ | 음:ヘン |
| 훈:こ, こな | 훈: | 훈:わかれる | 훈:あたり, べ |
| 粉末(フンマツ 분말)<br>小麦粉(こむぎこ 밀가루)<br>粉(こな 가루, 분말) | 兵器(ヘイキ 병기)<br>兵糧(ヒョウロウ 군량) | 区別(クベツ 구별)<br>別れる(わかれる 헤어지다) | 周辺(シュウヘン 주변)<br>辺り(あたり 주변, 근처)<br>海辺(うみべ 해변) |

**粉** 가루 **분**
획수:10획
부수:米

丶 丶 丷 半 米 米 粉 粉 粉 粉

粉　粉　粉　粉　粉　粉

**兵** 군사 **병**
획수:7획
부수:八

一 厂 斤 斤 丘 兵 兵

兵　兵　兵　兵　兵　兵

**別** 다를 **별**
획수:7획
부수:刀

丨 冂 口 另 另 別 別

別　別　別　別　別　別

**辺** 끝 **변**
획수:5획
부수:辶

フ 刀 刀 辺 辺　　　　　　邊

辺　辺　辺　辺　辺　辺

1. 博愛 _____

2. 夕飯 _____

3. 飛ばす _____

4. 費やす _____

5. 必要 _____

6. 投票 _____

7. 目標 _____

8. 不器用 _____

9. 夫婦 _____

10. 付属 _____

11. 政府 _____

12. 副作用 _____

13. 小麦粉 _____

14. 兵器 _____

15. 区別 _____

16. 周辺 _____

# Clip 04
# 초등학교 4학년 교육한자

▌ 초등학교 4학년 교육한자 16자의 音, 訓 학습

▌ 해당한자와 관련된 단어학습과 쓰기연습

変 便 包 法 望 牧 末 満 未 脈 民 無 約 勇 要 養

▌ 초등학교 4학년 교육한자 16자의 音, 訓을 학습하여 이해할 수 있다.

▌ 해당한자와 관련된 단어학습과 쓰기연습을 통해 일본에서의 실생활에 활용할 수 있다.

| 変 | 便 | 包 | 法 |
|---|---|---|---|
| 음:ヘン | 음:ベン, ビン | 음:ホウ | 음:ホウ, ハッ, ホッ |
| 훈:かわる, かえる | 훈:たより | 훈:つつむ | 훈: |
| 変化(ヘンカ 변화)<br>変わる(かわる 변하다, 바뀌다)<br>変える(かえる 바꾸다) | 便利(ベンリ 편리)<br>便乗(ビンジョウ 편승)<br>便所(ベンジョ 변소)<br>便り(たより 편의, 소식) | 包装(ホウソウ 포장)<br>包む(つつむ 싸다) | 法律(ホウリツ 법률)<br>法度(ハット 법도)<br>法体(ホッタイ 법체, 승려의 모습) |

| 変<br><br>변할 **변**<br>획수:9획<br>부수:夂 | 丶 宀 广 方 亦 亦 亦 変 変 | | | | | | | 變 |
|---|---|---|---|---|---|---|---|---|
| | 変 | 変 | 変 | 変 | 変 | 変 | | |

| 便<br><br>편할 **편**<br>변변 **변**<br>획수:9획<br>부수:人 | 丿 亻 亻 仁 佢 佢 佢 便 便 | | | | | | | |
|---|---|---|---|---|---|---|---|---|
| | 便 | 便 | 便 | 便 | 便 | 便 | | |

| 包<br><br>쌀 **포**<br>획수:5획<br>부수:勹 | 丿 ク 勹 勹 包 | | | | | | | 包 |
|---|---|---|---|---|---|---|---|---|
| | 包 | 包 | 包 | 包 | 包 | 包 | | |

| 法<br><br>법 **법**<br>획수:8획<br>부수:水 | 丶 丶 冫 氵 汁 法 法 法 | | | | | | | |
|---|---|---|---|---|---|---|---|---|
| | 法 | 法 | 法 | 法 | 法 | 法 | | |

| 望 | 牧 | 末 | 満 |
|---|---|---|---|
| 음:ボウ, モウ | 음:ボク | 음:マツ, バッ | 음:マン |
| 훈:のぞむ | 훈:まき | 훈:すえ | 훈:みちる, みたす |
| 有望(ユウボウ 유망)<br>本望(ホンモウ 숙원)<br>望む(のぞむ 바라다, 원하다) | 牧師(ボクシ 목사)<br>牧場(まきば 목장) | 年末(ネンマツ 연말)<br>末弟(バッテイ 막내 아우)<br>末(すえ 끝) | 満足(マンゾク 만족)<br>満ちる(みちる 차다)<br>満たす(みたす 채우다, 만족시키다) |

**望** 바랄 망 / 획수:11획 / 부수:月

亡 亡 亡 亡 胡 胡 胡 望 望 望 望

望 望 望 望 望 望

**牧** 기를 목 / 획수:8획 / 부수:牛

丿 匕 十 牛 牪 牧 牧 牧

牧 牧 牧 牧 牧 牧

**末** 끝 말 / 획수:5획 / 부수:木

一 二 十 末 末

末 末 末 末 末 末

**満** 찰 만 / 획수:12획 / 부수:水

丶 丶 氵 氵 浐 浐 浐 浐 浐 满 满 满　満

満 満 満 満 満 満

| 未 | 脈 | 民 | 無 |
|---|---|---|---|
| 음:ミ | 음:ミャク | 음:ミン | 음:ム、ブ |
| 훈: | 훈: | 훈:たみ | 훈:ない |
| 未来(ミライ 미래) | 動脈(ドウミャク 동맥) | 民衆(ミンシュウ 민중)<br>民(たみ 국민, 백성) | 無理(ムリ 무리)<br>無事(ブジ 무사)<br>無い(ない 없다) |

| | |
|---|---|
| 未<br><br>아직 **미**<br>획수:5획<br>부수:木 | 一 二 キ 才 未<br>未 未 未 未 未 未 |
| 脈<br><br>줄기 **맥**<br>획수:10획<br>부수:月 | 丿 刀 月 月 肜 肜 肵 肵 脈 脈<br>脈 脈 脈 脈 脈 脈 |
| 民<br><br>백성 **민**<br>획수:5획<br>부수:氏 | 一 コ ヲ 民 民<br>民 民 民 民 民 民 |
| 無<br><br>없을 **무**<br>획수:12획<br>부수:火 | 丿 レ 午 午 缶 缶 無 無 無 無 無 無<br>無 無 無 無 無 無 |

| 約 | 勇 | 要 | 養 |
|---|---|---|---|
| 음:ヤク | 음:ユウ | 음:ヨウ | 음:ヨウ |
| 훈: | 훈:いさむ | 훈:いる | 훈:やしなう |
| 先約(センヤク 선약) | 勇気(ユウキ 용기)<br>勇む(いさむ 힘이 솟다) | 要点(ヨウテン 요점)<br>要る(いる 필요하다) | 養成(ヨウセイ 양성)<br>養う(やしなう 기르다. 양육하다) |

**約**
약속할 **약**
획수:9획
부수:糸

く 幺 幺 糸 糸 糸 約 約 約

約 約 約 | 約 約 約

**勇**
날랠 **용**
획수:9획
부수:力

マ マ ア 丙 丙 甬 甬 勇 勇

勇 勇 勇 | 勇 勇 勇

**要**
필요할 **요**
획수:9획
부수:襾

一 一 戸 戸 襾 襾 要 要 要

要 要 要 | 要 要 要

**養**
기를 **양**
획수:15획
부수:食

丶 丷 丷 半 半 羊 差 美 美 羔 差 養 養 養

養 養 養 | 養 養 養

1. 変化 _____

2. 便乗 _____

3. 包装 _____

4. 法律 _____

5. 本望 _____

6. 牧場 _____

7. 年末 _____

8. 満ちる _____

9. 未来 _____

10. 動脈 _____

11. 民衆 _____

12. 無事 _____

13. 先約 _____

14. 勇む _____

15. 要点 _____

16. 養成 _____

# Clip 05
# 초등학교 4학년 교육한자

▌초등학교 4학년 교육한자 16자의 音, 訓 학습

▌해당한자와 관련된 단어학습과 쓰기연습

浴 利 陸 良 料 量 輪 類 令 冷 例 歷 連 老 労 録

▌초등학교 4학년 교육한자 16자의 音, 訓을 학습하여 이해할 수 있다.

▌해당한자와 관련된 단어학습과 쓰기연습을 통해 일본에서의 실생활에 활용할 수 있다.

| 浴 | 利 | 陸 | 良 |
|---|---|---|---|
| 음:ヨク | 음:リ | 음:リク | 음:リョウ |
| 훈:あびる, あびせる | 훈:きく | 훈: | 훈:よい |
| 浴室(ヨクシツ 욕실)<br>浴びる(あびる 뒤집어쓰다)<br>浴びせる(あびせる 끼얹다,<br>퍼붓다) | 利点(リテン 이점)<br>利く(きく 듣다, 효력이 있다) | 陸地(リクチ 육지) | 良心(リョウシン 양심)<br>良い(よい 좋다) |

| 浴<br><br>목욕할 욕<br>획수:10획<br>부수:水 | 丶 丶 氵 汀 汋 浐 浴 浴 浴 浴 |
|---|---|

| 利<br><br>이로울 리<br>획수:7획<br>부수:刀 | 一 二 千 禾 禾 利 利 |
|---|---|

| 陸<br><br>육지 륙<br>획수:11획<br>부수:阝 | 了 孑 阝 阡 阡 阼 陸 陸 陸 陸 陸 |
|---|---|

| 良<br><br>좋을 량<br>획수:7획<br>부수:艮 | 丶 ㄱ ㅋ ㅋ 自 良 良 |
|---|---|

| 料 | 量 | 輪 | 類 |
|---|---|---|---|
| 음:リョウ | 음:リョウ | 음:リン | 음:ルイ |
| 훈: | 훈:はかる | 훈:わ | 훈: |
| 料理(リョウリ 요리) | 量産(リョウサン 양산)<br>量る(はかる 재다) | 車輪(シャリン 차륜)<br>輪(わ 고리, 바퀴) | 人類(ジンルイ 인류) |

| 料 | 丶 丶 丷 圴 圴 扵 扵 料 料 料 | | | 料 料 料 | | | | |
|---|---|---|---|---|---|---|---|---|
| 헤아릴 **료**<br>획수:10획<br>부수:斗 | 料 | 料 | 料 | | | | | |

| 量 | 丨 冂 冂 日 旦 昌 昌 昌 昌 昌 量 量 | | | 量 量 量 | | | | |
|---|---|---|---|---|---|---|---|---|
| 헤아릴 **량**<br>획수:12획<br>부수:里 | 量 | 量 | 量 | | | | | |

| 輪 | 一 厂 厂 斤 百 亘 車 軒 軡 軡 軡 軡 輪 輪 輪 | | | 輪 輪 輪 | | | | |
|---|---|---|---|---|---|---|---|---|
| 바퀴 **륜**<br>획수:15획<br>부수:車 | 輪 | 輪 | 輪 | | | | | |

| 類 | 丶 丷 丷 圴 圴 圴 圴 券 类 类 类 類 類 類 類 類 類 類 | | | 類 類 類 | | | | 類 |
|---|---|---|---|---|---|---|---|---|
| 무리 **류**<br>획수:18획<br>부수:頁 | 類 | 類 | 類 | | | | | |

| 令 | 冷 | 例 | 歴 |
|---|---|---|---|
| 음:レイ | 음:レイ | 음:レイ | 음:レキ |
| 훈: | 훈:つめたい, ひえる, ひや, ひやす, さめる | 훈:たとえる | 훈: |
| 命令(メイレイ 명령) | 冷蔵(レイゾウ 냉장)<br>冷たい(つめたい 차갑다)<br>冷える(ひえる 차가워지다)<br>冷や(ひや 찬 것)<br>冷やす(ひやす 식히다, 차게 하다), 冷める(さめる 식다) | 例外(レイガイ 예외)<br>例える(たとえる 예로 들다) | 歴史(レキシ 역사) |

**令** 명령할 **령**
획수:5획
부수:人

ノ 人 人 令 令

令　令　令　令　令　令

**冷** 찰 **랭**
획수:7획
부수:冫

丶 冫 冫 汀 汿 冷 冷

冷　冷　冷　冷　冷　冷

**例** 보기 **례**
획수:8획
부수:人

ノ イ イ 伢 伢 例 例

例　例　例　例　例　例

**歴** 지낼 **력**
획수:14획
부수:止

一 厂 厂 厤 厤 厤 厤 厤 厤 歴 歴 歴 歴　　歴

歴　歴　歴　歴　歴　歴

| 連 | 老 | 労 | 録 |
|---|---|---|---|
| 음:レン | 음:ロウ | 음:ロウ | 음:ロク |
| 훈:つらなる, つらねる, つれる | 훈:おいる, ふける | 훈: | 훈: |
| 連続(レンゾク 연속)<br>連なる(つらなる 나란히 늘어서 있다)<br>連ねる(つらねる 늘어세우다)<br>連れる(つれる 동반하다, 데리고 가다) | 老人(ロウジン 노인)<br>老いる(おいる 늙다)<br>老ける(ふける 나이를 먹다) | 苦労(クロウ 고생) | 記録(キロク 기록) |

**連**
이을 **련**
획수:10획
부수:辶

一 厂 冂 冃 亘 亘 車 車 車 連 連　　　連

連 連 連 | 連 連 連

**老**
늙을 **로**
획수:6획
부수:耂

一 十 土 耂 耂 老

老 老 老 | 老 老 老

**労**
일할 **로**
획수:7획
부수:力

丶 丷 丷 丷 严 労 労　　　勞

労 労 労 | 労 労 労

**録**
기록할 **록**
획수:16획
부수:金

ノ 𠂉 𠂊 𠂤 牟 牟 金 金 釘 釘 釘 鈩 鈩 錄 録　　　録

録 録 録 | 録 録 録

1. 浴室 _____

2. 利点 _____

3. 陸地 _____

4. 良心 _____

5. 料理 _____

6. 量る _____

7. 車輪 _____

8. 人類 _____

9. 命令 _____

10. 冷蔵 _____

11. 例外 _____

12. 歴史 _____

13. 連続 _____

14. 老いる _____

15. 苦労 _____

16. 記録 _____

# Clip 01
# 초등학교 5학년 교육한자

**학습내용**

▌초등학교 5학년 교육한자 16자의 音, 訓 학습

▌해당한자와 관련된 단어학습과 쓰기연습

圧 移 因 永 営 衛 易 益 液 演 応 往 桜 恩 可 仮

**학습목표**

▌초등학교 5학년 교육한자 16자의 音, 訓을 학습하여 이해할 수 있다.

▌해당한자와 관련된 단어학습과 쓰기연습을 통해 일본에서의 실생활에 활용할 수 있다.

| 圧 | 移 | 因 | 永 |
|---|---|---|---|
| 음:アツ | 음:イ | 음:イン | 음:エイ |
| 훈: | 훈:うつる, うつす | 훈:よる | 훈:ながい |
| 圧力(アツリョク 압력) | 移動(イドウ 이동)<br>移る(うつる 이동하다)<br>移す(うつす 옮기다) | 原因(ゲンイン 원인)<br>因る(よる 의하다, 기인하다) | 永久(エイキュウ 영구)<br>永い(ながい 영원하다) |

| 圧<br><br>누를 **압**<br>획수:5획<br>부수:土 | 一 厂 匚 厌 圧　　　　　　　　　　　　　　壓<br>圧 圧 圧 圧 圧 圧 |
|---|---|

| 移<br><br>옮길 **이**<br>획수:11획<br>부수:禾 | ノ ニ 千 禾 禾 利 称 移 移 移 移<br>移 移 移 移 移 移 |
|---|---|

| 因<br><br>의지할 **인**<br>획수:6획<br>부수:口 | 丨 冂 冂 历 历 因<br>因 因 因 因 因 因 |
|---|---|

| 永<br><br>길 **영**<br>획수:5획<br>부수:水 | ` 丿 刁 永 永<br>永 永 永 永 永 永 |
|---|---|

| 営 | 衛 | 易 | 益 |
|---|---|---|---|
| 음:エイ | 음:エイ | 음:エキ, イ | 음:エキ, ヤク |
| 훈:いとなむ | 훈: | 훈:やさしい | 훈: |
| 営業(エイギョウ 영업)<br>営む(いとなむ 경영하다) | 衛星(エイセイ 위성) | 交易(コウエキ 교역)<br>容易(ヨウイ 용이)<br>易しい(やさしい 쉽다, 간단하다) | 有益(ユウエキ 유익)<br>御利益(ゴリヤク 부처의 은혜) |

---

**営**

다스릴 **영**
획수:12획
부수:口

`丶 丷 丷 ⺍ 兴 常 営 営 営 営 営 営`　　　　　　　営

営 営 営 ｜ 営 営 営

---

**衛**

지킬 **위**
획수:16획
부수:行

`丶 ノ 彳 彳 彳 犲 循 循 徛 律 徣 徫 律 律 衛`

衛 衛 衛 ｜ 衛 衛 衛

---

**易**

바꿀 **역**,
쉬울 **이**
획수:8획
부수:日

`丨 冂 日 日 尸 昜 易 易`

易 易 易 ｜ 易 易 易

---

**益**

더할 **익**
획수:10획
부수:皿

`丶 丷 丷 产 艸 艼 谷 谷 益 益`　　　　　　　益

益 益 益 ｜ 益 益 益

| 液 | 演 | 応 | 往 |
|---|---|---|---|
| 음:エキ | 음:エン | 음:オウ, ノウ | 음:オウ |
| 훈: | 훈: | 훈:こたえる | 훈: |
| 液体(エキタイ 액체) | 演説(エンゼツ 연설) | 応対(オウタイ 응대)<br>反応(ハンノウ 반응)<br>応える(こたえる 응하다, 반응하다) | 往復(オウフク 왕복) |

| 液 | ` ` ⺡ ⺡ ⺡ ⺡ 汯 汯 液 液 液 |
|---|---|
| 즙 **액**<br>획수:11획<br>부수:水 | 液 液 液　液 液 液 |

| 演 | ` ` ⺡ ⺡ ⺡ ⺡ 汸 泞 泞 淯 渖 渖 演 演 |
|---|---|
| 펼 **연**<br>획수:14획<br>부수:水 | 演 演 演　演 演 演 |

| 応 | ` ⺀ 广 广 応 応 応　　　　　　應 |
|---|---|
| 응할 **응**<br>획수:7획<br>부수:心 | 応 応 応　応 応 応 |

| 往 | ` ⺍ ⺅ ⺅ 彳 往 往 往 |
|---|---|
| 갈 **왕**<br>획수:8획<br>부수:彳 | 往 往 往　往 往 往 |

| 桜 | 恩 | 可 | 仮 |
|---|---|---|---|
| 음:オウ | 음:オン | 음:カ | 음:カ, ケ |
| 훈:さくら | 훈: | 훈: | 훈:かり |
| 桜花(オウカ 벚꽃)<br>桜(さくら 벚나무, 벚꽃) | 恩人(オンジン 은인) | 可決(カケツ 가결) | 仮定(カテイ 가정)<br>仮病(ケビョウ 꾀병)<br>仮住まい(かりずまい 임시 거처) |

**桜**
벚꽃 **앵**
획수:10획
부수:木

一 十 才 木 杆 杙 杙 桜 桜 桜　　　　　櫻

桜 桜 桜 | 桜 桜 桜

**恩**
은혜 **은**
획수:10획
부수:心

丨 冂 冃 冈 因 因 因 恩 恩 恩

恩 恩 恩 | 恩 恩 恩

**可**
옳을 **가**
획수:5획
부수:口

一 丁 гг 可 可

可 可 可 | 可 可 可

**仮**
거짓 **가**
획수:6획
부수:人

丿 亻 仁 仄 仮 仮　　　　　假

仮 仮 仮 | 仮 仮 仮

1.  圧力 _____
2.  移る _____
3.  原因 _____
4.  永久 _____
5.  営む _____
6.  衛星 _____
7.  交易 _____
8.  有益 _____
9.  液体 _____
10. 演説 _____
11. 応対 _____
12. 往復 _____
13. 桜花 _____
14. 恩人 _____
15. 可決 _____
16. 仮病 _____

# Clip 02
## 초등학교 5학년 교육한자

▌ 초등학교 5학년 교육한자 16자의 음, 訓 학습

▌ 해당한자와 관련된 단어학습과 쓰기연습

価 河 過 賀 快 解 格 確 額 刊 幹 慣 眼 基 寄 規

▌ 초등학교 5학년 교육한자 16자의 음, 訓을 학습하여 이해할 수 있다.

▌ 해당한자와 관련된 단어학습과 쓰기연습을 통해 일본에서의 실생활에 활용할 수 있다.

| 価 | 河 | 過 | 賀 |
|---|---|---|---|
| 음:カ | 음:カ | 음:カ | 음:ガ |
| 훈:あたい | 훈:かわ | 훈:すぎる, すごす, あやまつ, あやまち | 훈: |
| 価格(カカク 가격)<br>価(あたい 값, 가치) | 河川(カセン 하천)<br>河(かわ 강, 하천) | 通過(ツウカ 통과)<br>過ぎる(すぎる 지나치다)<br>過ごす(すごす 지내다)<br>過つ(あやまつ 잘못하다, 실수하다)<br>過ち(あやまち 잘못, 실수) | 祝賀(シュクガ 축하) |

| 価<br>값 가<br>획수:8획<br>부수:人 | ノ イ 仁 仁 伍 価 価 価 | | | | | | 價 |
|---|---|---|---|---|---|---|---|
| | 価 | 価 | 価 | 価 | 価 | 価 | |

| 河<br>강 하<br>획수:8획<br>부수:水 | 丶 冫 氵 沪 沪 沪 河 河 | | | | | | |
|---|---|---|---|---|---|---|---|
| | 河 | 河 | 河 | 河 | 河 | 河 | |

| 過<br>지날 과<br>획수:12획<br>부수:辶 | 丨 冂 冂 冎 冎 冎 咼 咼 咼 渦 過 過 | | | | | | |
|---|---|---|---|---|---|---|---|
| | 過 | 過 | 過 | 過 | 過 | 過 | |

| 賀<br>축하할 하<br>획수:12획<br>부수:貝 | フ カ カ 加 加 賀 賀 賀 賀 賀 賀 | | | | | | |
|---|---|---|---|---|---|---|---|
| | 賀 | 賀 | 賀 | 賀 | 賀 | 賀 | |

| 快 | 解 | 格 | 確 |
|---|---|---|---|
| 음:カイ | 음:カイ, ゲ | 음:カク, コウ | 음:カク |
| 훈:こころよい | 훈:とく, とかす, とける | 훈: | 훈:たしか, たしかめる |
| 不快(フカイ 불쾌)<br>快い(こころよい 기분이 좋다) | 解決(カイケツ 해결)<br>解熱(ゲネツ 해열)<br>解く(とく 풀다)<br>解かす(とかす 녹이다)<br>解ける(とける 풀리다) | 性格(セイカク 성격)<br>格子戸(コウシド 격자문, 격자창) | 確認(カクニン 확인)<br>確か(たしか 확실함)<br>確かめる(たしかめる 확인하다) |

## 快

`ノ ハ 忄 忆 忙 快 快`

快 快 快 | 快 快 快

상쾌할 **쾌**
획수:7획
부수:心

## 解

`ノ ノ ゲ 角 角 角 角 解 解 解 解 解`

解 解 解 | 解 解 解

풀 **해**
획수:13획
부수:角

## 格

`一 十 オ 木 朴 杉 杦 格 格 格`

格 格 格 | 格 格 格

격식 **격**
획수:10획
부수:木

## 確

`一 ア イ 石 石 石 矿 矿 矿 硴 碏 碏 確 確`

確 確 確 | 確 確 確

확실할 **확**
획수:15획
부수:石

| 額 | 刊 | 幹 | 慣 |
|---|---|---|---|
| 음:ガク | 음:カン | 음:カン | 음:カン |
| 훈:ひたい | 훈: | 훈:みき | 훈:なれる, ならす |
| 金額(キンガク 금액)<br>額(ひたい 이마) | 刊行(カンコウ 간행) | 幹部(カンブ 간부)<br>幹(みき 나무줄기, 중요한 부분) | 慣習(カンシュウ 관습)<br>慣れる(なれる 습관이 되다)<br>慣らす(ならす 길들이다, 익숙하게 하다) |

**額**
이마 **액**
획수:18획
부수:頁

丶 丶 宀 宀 宀 宇 客 客 客 客 客 額 額 額 額 額

額 額 額 | 額 額 額

**刊**
책 펴낼 **간**
획수:5획
부수:刀

一 二 干 刊 刊

刊 刊 刊 | 刊 刊 刊

**幹**
줄기 **간**
획수:13획
부수:干

一 十 古 古 古 直 直 卓 幹 幹 幹 幹

幹 幹 幹 | 幹 幹 幹

**慣**
버릇 **관**
획수:14획
부수:心

丶 丶 忄 忄 忄 忄 忄 慣 慣 慣 慣 慣

慣 慣 慣 | 慣 慣 慣

| 眼 | 基 | 寄 | 規 |
|---|---|---|---|
| 음:ガン, ゲン | 음:キ | 음:キ | 음:キ |
| 훈:まなこ | 훈:もと, もとい | 훈:よる, よせる | 훈: |
| 眼科(ガンカ 안과)<br>開眼(カイゲン 개안)<br>眼(まなこ 눈, 눈알) | 基本(キホン 기본)<br>基(もと 근본, 토대, 기초)<br>基(もとい 건물의 토대, 사물의 근본) | 寄付(キフ 기부)<br>寄る(よる 접근하다, 들르다)<br>寄せる(よせる 밀려오다, 가까이 대다) | 新規(シンキ 신규) |

**眼**
눈 안
획수:11획
부수:目

丨 冂 冂 闩 目 目 眄 眄 眐 眼 眼 眼

眼 眼 眼 眼 眼 眼

**基**
터 기
획수:11획
부수:土

一 十 卄 卄 甘 其 其 其 基 基

基 基 基 基 基 基

**寄**
부칠 기
획수:11획
부수:宀

丶 宀 宀 宀 宇 宋 宋 寄 寄 寄 寄

寄 寄 寄 寄 寄 寄

**規**
법 규
획수:11획
부수:見

一 二 丰 夫 却 却 却 規 規 規 規

規 規 規 規 規 規

1. 価格　_____

2. 河川　_____

3. 過ち　_____

4. 祝賀　_____

5. 快い　_____

6. 解熱　_____

7. 性格　_____

8. 確かめる　_____

9. 額　_____

10. 刊行　_____

11. 幹部　_____

12. 慣習　_____

13. 眼科　_____

14. 基本　_____

15. 寄付　_____

16. 新規　_____

# Clip 03
# 초등학교 5학년 교육한자

**학습내용**

▌ 초등학교 5학년 교육한자 16자의 음, 訓 학습
▌ 해당한자와 관련된 단어학습과 쓰기연습

技 義 逆 久 旧 居 許 境 均 禁 句 群 経 潔 件 券

**학습목표**

▌ 초등학교 5학년 교육한자 16자의 음, 訓을 학습하여 이해할 수 있다.
▌ 해당한자와 관련된 단어학습과 쓰기연습을 통해 일본에서의 실생활에 활용할 수 있다.

| 技 | 義 | 逆 | 久 |
|---|---|---|---|
| 음:ギ | 음:ギ | 음:ギャク | 음:キュウ, ク |
| 훈:わざ | 훈: | 훈:さか, さからう | 훈:ひさしい |
| 技術(ギジュツ 기술)<br>技(わざ 기법, 기술, 재주) | 正義(セイギ 정의) | 逆転(ギャクテン 역전)<br>逆立ち(さかだち 물구나무서기)<br>逆らう(さからう 거역하다, 거스르다) | 永久(エイキュウ 영구)<br>久遠(クオン 구원, 영원)<br>久しい(ひさしい 오래 되다) |

| 技 | 一 十 扌 扌 扩 抆 技 |
|---|---|
| 재주 **기**<br>획수:7획<br>부수:手 | 技 技 技 技 技 技 |

| 義 | 丶 丷 关 并 羊 羊 养 差 莠 義 義 義 |
|---|---|
| 의로울 **의**<br>획수:13획<br>부수:羊 | 義 義 義 義 義 義 |

| 逆 | 丶 丷 屴 芦 肖 逆 逆 逆 逆    逆 |
|---|---|
| 거스를 **역**<br>획수:9획<br>부수:辶 | 逆 逆 逆 逆 逆 逆 |

| 久 | ノ ク 久 |
|---|---|
| 오랠 **구**<br>획수:3획<br>부수:ノ | 久 久 久 久 久 久 |

| 旧 | 居 | 許 | 境 |
|---|---|---|---|
| 음:キュウ | 음:キョ | 음:キョ | 음:キョウ, ケイ |
| 훈: | 훈:いる | 훈:ゆるす | 훈:さかい |
| 旧式(キュウシキ 구식) | 同居(ドウキョ 동거)<br>居る(いる 있다) | 許可(キョカ 허가)<br>許す(ゆるす 허락하다) | 境界(キョウカイ 경계)<br>境内(ケイダイ 경내)<br>境目(さかいめ 경계선) |

**旧** 옛 구
획수:5획
부수:日

｜ ｜｜ ｜｜ ｜｜ 旧 旧　　　舊

旧　旧　旧　　旧 旧 旧

**居** 살 거
획수:8획
부수:尸

一 一 尸 尸 尸 尺 居 居

居　居　居　　居 居 居

**許** 허락할 허
획수:11획
부수:言

一 二 三 言 言 言 許 許 許 許

許　許　許　　許 許 許

**境** 경계 경
획수:14획
부수:土

一 十 土 圹 圹 圹 圹 境 培 培 垮 境 境

境　境　境　　境 境 境

| 均 | 禁 | 句 | 群 |
|---|---|---|---|
| 음:キン | 음:キン | 음:ク | 음:グン |
| 훈: | 훈: | 훈: | 훈:むれる, むれ, むら |
| 平均(ヘイキン 평균) | 禁止(キンシ 금지) | 語句(ゴク 어구) | 群集(グンシュウ 군집)<br>群れる(むれる 떼를 짓다)<br>群れ(むれ 떼, 무리)<br>群(むら 무리, 떼, 숲) |

| | |
|---|---|
| 均<br>고를 **균**<br>획수:7획<br>부수:土 | 一 十 土 均 均 均 均<br>均 均 均　均 均 均 |
| 禁<br>금할 **금**<br>획수:13획<br>부수:示 | 一 十 才 木 朮 村 材 林 埜 禁 禁 禁 禁<br>禁 禁 禁　禁 禁 禁 |
| 句<br>글귀 **구**<br>획수:5획<br>부수:口 | ノ 勹 勺 句 句<br>句 句 句　句 句 句 |
| 群<br>무리 **군**<br>획수:13획<br>부수:羊 | フ ヨ ヨ 尹 尹 君 君 君 群 群 群 群 群<br>群 群 群　群 群 群 |

| 経 | 潔 | 件 | 券 |
|---|---|---|---|
| 음:ケイ, キョウ | 음:ケツ | 음:ケン | 음:ケン |
| 훈:へる | 훈:いさぎよい | 훈: | 훈: |
| 経費(ケイヒ 경비)<br>経典(キョウテン 경전)<br>経る(へる 경과하다) | 簡潔(カンケツ 간결)<br>潔い(いさぎよい 깨끗하다,<br>떳떳하다) | 事件(ジケン 사건) | 乗車券(ジョウシャケン 승차권) |

**経**
지낼 **경**
획수:11획
부수:糸

` 幺 幺 糸 糸 糸 紅 紅 経 経 経 ` 經

経 経 経 | 経 経 経

**潔**
깨끗할 **결**
획수:15획
부수:水

` 氵 氵 氵 氵 津 津 潔 潔 潔 潔 潔 潔 潔 `

潔 潔 潔 | 潔 潔 潔

**件**
사건 **건**
획수:6획
부수:人

` 亻 亻 仁 件 件 `

件 件 件 | 件 件 件

**券**
문서 **권**
획수:8획
부수:刀

` 八 台 失 券 `  券

券 券 券 | 券 券 券

1. 技術 _____
2. 正義 _____
3. 逆立ち _____
4. 永久 _____
5. 旧式 _____
6. 同居 _____
7. 許可 _____
8. 境界 _____
9. 平均 _____
10. 禁止 _____
11. 語句 _____
12. 群れる _____
13. 経費 _____
14. 簡潔 _____
15. 事件 _____
16. 乗車券 _____

# Clip 04
## 초등학교 5학년 교육한자

학습내용

▌ 초등학교 5학년 교육한자 16자의 音, 訓 학습

▌ 해당한자와 관련된 단어학습과 쓰기연습

險 檢 限 現 減 故 個 護 効 厚 耕 鉱 構 興 講 混

학습목표

▌ 초등학교 5학년 교육한자 16자의 音, 訓을 학습하여 이해할 수 있다.

▌ 해당한자와 관련된 단어학습과 쓰기연습을 통해 일본에서의 실생활에 활용할 수 있다.

| 險 | 檢 | 限 | 現 |
|---|---|---|---|
| 음:ケン | 음:ケン | 음:ゲン | 음:ゲン |
| 훈:けわしい | 훈: | 훈:かぎる | 훈:あらわれる, あらわす |
| 保険(ホケン 보험)<br>険しい(けわしい 험상궂다,<br>위험하다) | 点検(テンケン 점검) | 制限(セイゲン 제한)<br>限る(かぎる 한하다) | 現実(ゲンジツ 현실)<br>現れる(あらわれる 나타나다)<br>現す(あらわす 나타내다) |

**險** 험할 **험**
획수:11획
부수:阝

丷 ㇉ 阝 阝 阝' 阝ヘ 险 险 险 険 険　　　險

險 險 險 險 險 險

**檢** 검사할 **검**
획수:12획
부수:木

一 十 才 木 术 杧 枠 柃 杦 柍 椧 検　　　檢

検 検 検 検 検 検

**限** 한계 **한**
획수:9획
부수:阝

丷 ㇉ 阝 阝ㄱ 阝ㅋ 阝ㅋ 阷 限 限

限 限 限 限 限 限

**現** 나타날 **현**
획수:11획
부수:王

一 三 干 王 玎 玑 玥 玥 玥 珇 現

現 現 現 現 現 現

| 減 | 故 | 個 | 護 |
|---|---|---|---|
| 음:ゲン | 음:コ | 음:コ | 음:ゴ |
| 훈:へる, へらす | 훈:ゆえ | 훈: | 훈: |
| 減点(ゲンテン 감점)<br>減る(へる 줄다, 적어지다)<br>減らす(へらす 줄이다) | 故人(コジン 고인)<br>故(ゆえ 까닭, 내력) | 個性(コセイ 개성) | 弁護(ベンゴ 변호) |

| | |
|---|---|
| **減**<br>줄어들 감<br>획수:12획<br>부수:水 | 丶 丶 氵 氵 汀 汀 汀 河 減 減 減<br>減 減 減 減減減 |
| **故**<br>옛 고<br>획수:9획<br>부수:攵 | 一 十 十 古 古 古 故 故 故<br>故 故 故 故故故 |
| **個**<br>낱 개<br>획수:10획<br>부수:人 | 丿 亻 亻 们 们 佣 個 個 個 個<br>個 個 個 個個個 |
| **護**<br>보호할 호<br>획수:20획<br>부수:言 | 一 二 三 言 言 言 言 言 訪 詳 詳 詳 詳 諾 諾 護 護 護<br>護 護 護 護護護 |

| 効 | 厚 | 耕 | 鉱 |
|---|---|---|---|
| 음:コウ | 음:コウ | 음:コウ | 음:コウ |
| 훈:きく | 훈:あつい | 훈:たがやす | 훈: |
| 効果(コウカ 효과)<br>効く(きく 효력이 있다) | 濃厚(ノウコウ 농후)<br>厚い(あつい 두껍다) | 耕地(コウチ 경지)<br>耕す(たがやす 경작하다) | 鉱物(コウブツ 광물) |

**効**
효험 **효**
획수:8획
부수:力

丶 亠 亠 六 交 交 効 効

**厚**
두터울 **후**
획수:9획
부수:厂

一 厂 厂 厂 厚 厚 厚 厚 厚

**耕**
밭갈 **경**
획수:10획
부수:耒

一 二 三 丰 耒 耒 耒 耒 耕 耕

**鉱**
쇳돌 **광**
획수:13획
부수:金

丿 丿 𠂇 𠂤 牟 牟 牟 金 金 鈩 鈩 鉱 鉱 　 鑛

| 構 | 興 | 講 | 混 |
|---|---|---|---|
| 음:コウ | 음:コウ, キョウ | 음:コウ | 음:コン |
| 훈:かまえる, かまう | 훈:おこる, おこす | 훈: | 훈:まじる, まざる, まぜる |
| 構造(コウゾウ 구조)<br>構える(かまえる 꾸미다, 준비하다)<br>構う(かまう 상관하다, 돌보다) | 興行(コウギョウ 흥행)<br>興味(キョウミ 흥미)<br>興る(おこる 흥하다)<br>興す(おこす 일으키다) | 講義(コウギ 강의) | 混乱(コンラン 혼란)<br>混じる(まじる 섞이다)<br>混ざる(まざる 섞이다)<br>混ぜる(まぜる 섞다) |

| 構<br><br>얽을 구<br>획수:14획<br>부수:木 | 一 十 オ 木 术 朾 枏 枏 構 構 構 構 構 構 |
|---|---|
| | 構 構 構 構 構 構 |

| 興<br><br>흥할 흥<br>획수:16획<br>부수:臼 | ´ ´ ´ ´ ´ ´ ´ ´ ´ ´ ´ ´ ´ ´ ´ 興 興 興 |
|---|---|
| | 興 興 興 興 興 興 |

| 講<br><br>강의할 강<br>획수:17획<br>부수:言 | 一 二 ̇ ̇ ̇ ̇ ̇ ̇ ̇ ̇ ̇ 計 計 講 講 講 講 講 講 |
|---|---|
| | 講 講 講 講 講 講 |

| 混<br><br>섞일 혼<br>획수:11획<br>부수:水 | ` ` ` ̌ ̌ ̌ ̌ ̌ ̌ 混 混 混 |
|---|---|
| | 混 混 混 混 混 混 |

1. 険しい　_____

2. 点検　　_____

3. 制限　　_____

4. 現実　　_____

5. 減らす　_____

6. 故人　　_____

7. 個性　　_____

8. 弁護　　_____

9. 効果　　_____

10. 濃厚　　_____

11. 耕地　　_____

12. 鉱物　　_____

13. 構える　_____

14. 興行　　_____

15. 講義　　_____

16. 混乱　　_____

# Clip 05
# 초등학교 5학년 교육한자

**학습내용**

▌ 초등학교 5학년 교육한자 13자의 音, 訓 학습
▌ 해당한자와 관련된 단어학습과 쓰기연습

查 再 災 妻 採 際 在 財 罪 雑 酸 賛 支

**학습목표**

▌ 초등학교 5학년 교육한자 13자의 音, 訓을 학습하여 이해할 수 있다.
▌ 해당한자와 관련된 단어학습과 쓰기연습을 통해 일본에서의 실생활에 활용할 수 있다.

| 査 | 再 | 災 | 妻 |
|---|---|---|---|
| 음:サ | 음:サイ, サ | 음:サイ | 음:サイ |
| 훈: | 훈:ふたたび | 훈:わざわい | 훈:つま |
| 検査(ケンサ 검사) | 再会(サイカイ 재회)<br>再来週(サライシュウ 다다음주)<br>再び(ふたたび 재차, 다시) | 火災(カサイ 화재)<br>災い(わざわい 재난, 화) | 妻子(サイシ 처자)<br>妻(つま 아내) |

| 査<br>조사할 **사**<br>획수:9획<br>부수:木 | 一 十 オ 木 杏 杏 杏 香 査 |
|---|---|
| | 査 査 査 査 査 査 |

| 再<br>다시 **재**<br>획수:6획<br>부수:冂 | 一 丁 冂 丙 再 再 |
|---|---|
| | 再 再 再 再 再 再 |

| 災<br>재앙 **재**<br>획수:7획<br>부수:火 | ` ` ` ``` ``` ``` ``` 災 |
|---|---|
| | 災 災 災 災 災 災 |

| 妻<br>아내 **처**<br>획수:8획<br>부수:女 | 一 フ ヲ 글 妻 妻 妻 妻 |
|---|---|
| | 妻 妻 妻 妻 妻 妻 |

| 採 | 際 | 在 | 財 |
|---|---|---|---|
| 음:サイ | 음:サイ | 음:ザイ | 음:ザイ, サイ |
| 훈:とる | 훈:きわ | 훈:ある | 훈: |
| 採用(サイヨウ 채용)<br>採る(とる 뽑다) | 交際(コウサイ 교제)<br>際(きわ 가장자리, 때) | 在宅(ザイタク 재택)<br>在る(ある 있다) | 財産(ザイサン 재산!)<br>財布(サイフ 지갑) |

**採**
캘 채
획수:11획
부수:手

一 十 扌 扩 扩 扩 扩 拧 採 採

採 採 採 採採採

**際**
때 제
획수:14획
부수:阝

一 了 阝 阝 阝 阝 阝 阝 際 際 際 際 際

際 際 際 際際際

**在**
있을 재
획수:6획
부수:土

一 ナ ナ 存 在 在

在 在 在 在在在

**財**
재물 재
획수:10획
부수:貝

丨 冂 冂 冃 目 貝 貝 貝 財 財

財 財 財 財財財

| 罪 | 雑 | 酸 | 賛 |
|---|---|---|---|
| 음:ザイ | 음:ザツ, ゾウ | 음:サン | 음:サン |
| 훈:つみ | 훈: | 훈:すい | 훈: |
| 罪悪(ザイアク 죄악)<br>罪(つみ 죄) | 雑音(ザツオン 잡음)<br>雑木(ゾウキ 잡목) | 酸素(サンソ 산소)<br>酸い(すい 시다) | 賛成(サンセイ 찬성) |

**罪**
죄지을 **죄**
획수:13획
부수:罒

丶 丆 冂 罒 罒 罪 罪 罪 罪 罪 罪 罪 罪

罪 罪 罪 罪 罪 罪

**雑**
섞일 **잡**
획수:14획
부수:隹

丿 九 九 杂 杂 杂 杂 杂 杂 杂 雑 雑 雑　　雑

雑 雑 雑 雑 雑 雑

**酸**
실 **산**
획수:14획
부수:酉

一 丆 冂 酉 酉 酉 酉 酸 酸 酸 酸 酸 酸

酸 酸 酸 酸 酸 酸

**賛**
찬성할 **찬**
획수:15획
부수:貝

一 二 チ 夫 夫 夫 夫 夫 替 替 替 替 賛 賛　　賛

賛 賛 賛 賛 賛 賛

| 支 | | | |
|---|---|---|---|
| 음:シ | | | |
| 훈:ささえる | | | |
| 支配(シハイ 지배)<br>支える(ささえる 떠받치다) | | | |

| 支<br><br>**가를 지**<br>획수:4획<br>부수:支<br>(제부수) | 一 十 ナ 支 | | | | | | | |
|---|---|---|---|---|---|---|---|---|
| | 支 | 支 | 支 | 支 | 支 | 支 | | |

1. 検査 _____
2. 再び _____
3. 火災 _____
4. 妻子 _____
5. 採用 _____
6. 際 _____
7. 在宅 _____
8. 財布 _____
9. 罪悪 _____
10. 雑木 _____
11. 酸素 _____
12. 賛成 _____
13. 支える _____

# Clip 01
# 초등학교 5학년 교육한자

▌초등학교 5학년 교육한자 14자의 音, 訓 학습

▌해당한자와 관련된 단어학습과 쓰기연습

志 枝 師 資 飼 示 似 識 質 舍 謝 授 修 述

▌초등학교 5학년 교육한자 14자의 音, 訓을 학습하여 이해할 수 있다.

▌해당한자와 관련된 단어학습과 쓰기연습을 통해 일본에서의 실생활에 활용할 수 있다.

| 志 | 枝 | 師 | 資 |
|---|---|---|---|
| 음:シ | 음:シ | 음:シ | 음:シ |
| 훈:こころざす, こころざし | 훈:えだ | 훈: | 훈: |
| 大志(タイシ 큰 뜻)<br>志す(こころざす 뜻을 두다)<br>志(こころざし 뜻, 의지) | 枝葉(シヨウ 지엽)<br>枝(えだ 가지, 갈래) | 講師(コウシ 강사) | 資金(シキン 자금) |

| | | |
|---|---|---|
| **志**<br>뜻 **지**<br>획수:7획<br>부수:心 | 一 十 士 志 志 志 志 | 志 志 志 |
| **枝**<br>가지 **지**<br>획수:8획<br>부수:木 | 一 十 才 木 枂 杧 栌 枝 | 枝 枝 枝 |
| **師**<br>스승 **사**<br>획수:10획<br>부수:巾 | ' ｒ ｒ ｒ 自 自 師 師 師 師 | 師 師 師 |
| **資**<br>재물 **자**<br>획수:13획<br>부수:貝 | 一 二 ｙ 次 次 次 咨 咨 咨 資 資 | 資 資 資 |

| 飼 | 示 | 似 | 識 |
|---|---|---|---|
| 음:シ | 음:ジ, シ | 음:ジ | 음:シキ |
| 훈:かう | 훈:しめす | 훈:にる | 훈: |
| 飼料(シリョウ 사료)<br>飼う(かう 기르다) | 表示(ヒョウジ 표시)<br>示唆(シサ 시사)<br>示す(しめす 내보이다, 제시하다) | 近似(キンジ 근사, 유사)<br>似る(にる 닮다) | 常識(ジョウシキ 상식)<br>標識(ヒョウシキ 표지) |

| 飼<br><br>기를 **사**<br>획수:13획<br>부수:食 | ノ ㇏ ㇑ 今 今 今 食 食 飣 飣 飣 飼 飼 | | | | | | 飼 |
|---|---|---|---|---|---|---|---|
| | 飼 | 飼 | 飼 | 飼 | 飼 | 飼 | |

| 示<br><br>보일 **시**<br>획수:5획<br>부수:示<br>(제부수) | 一 二 亍 示 示 | | | | | | |
|---|---|---|---|---|---|---|---|
| | 示 | 示 | 示 | 示 | 示 | 示 | |

| 似<br><br>닮을 **사**<br>획수:7획<br>부수:人 | ノ イ 亻 似 似 似 似 | | | | | | |
|---|---|---|---|---|---|---|---|
| | 似 | 似 | 似 | 似 | 似 | 似 | |

| 識<br><br>알 **식**,<br>기록할 **지**<br>획수:19획<br>부수:言 | 一 二 ニ 言 言 言 言 言 計 詝 詝 諳 諳 諳 諳 識 識 識 | | | | | | |
|---|---|---|---|---|---|---|---|
| | 識 | 識 | 識 | 識 | 識 | 識 | |

| 質 | 舎 | 謝 | 授 |
|---|---|---|---|
| 음:シツ, シチ, チ | 음:シャ | 음:シャ | 음:ジュ |
| 훈: | 훈: | 훈:あやまる | 훈:さずける, さずかる |
| 質問(シツモン 질문)<br>人質(ヒトジチ 인질)<br>言質(ゲンチ 언질) | 校舎(コウシャ 교사) | 謝罪(シャザイ 사죄)<br>謝る(あやまる 빌다, 사과하다) | 授受(ジュジュ 수수)<br>授ける(さずける 수여하다)<br>授かる(さずかる 내려주시다) |

**質** 바탕 **질**
획수:15획
부수:貝

一 厂 斤 斤 斤 斤 所 所 所 質 質 質 質 質

質 質 質 質 質 質

**舎** 집 **사**
획수:8획
부수:口

丿 人 人 今 全 全 舎 舎 舎　　　　　　　舎

舎 舎 舎 舎 舎 舎

**謝** 사례할 **사**
획수:17획
부수:言

一 二 三 言 言 言 言 訂 訂 訂 訂 訂 謝 謝 謝 謝

謝 謝 謝 謝 謝 謝

**授** 줄 **수**
획수:11획
부수:手

一 十 扌 扩 扩 扩 扩 扩 挕 授 授

授 授 授 授 授 授

| 修 | 述 | | |
|---|---|---|---|
| 음:シュウ, シュ | 음:ジュツ | | |
| 훈:おさめる, おさまる | 훈:のべる | | |
| 修理(シュウリ 수리)<br>修行(シュギョウ 수행)<br>修める(おさめる 배우다, 익히다)<br>修まる(おさまる 좋아지다, 바르<br>게되다) | 記述(キジュツ 기술)<br>述べる(のべる 말하다, 진술하다) | | |

| 修<br><br>다스릴 **수**<br>획수:10획<br>부수:人 | ノ イ イ 竹 竹 竹 竹 修 修 修 |
|---|---|

修　修　修　修　修　修

| 述<br><br>말할 **술**<br>획수:8획<br>부수:辶 | 一 十 才 ホ ホ 述 述 述　　　　　　述 |
|---|---|

述　述　述　述　述　述

1. 大志 _____
2. 枝 _____
3. 講師 _____
4. 資金 _____
5. 飼う _____
6. 示唆 _____
7. 近似 _____
8. 標識 _____
9. 人質 _____
10. 校舎 _____
11. 謝る _____
12. 授受 _____
13. 修理 _____
14. 記述 _____

# Clip 02
# 초등학교 5학년 교육한자

▌초등학교 5학년 교육한자 14자의 音, 訓 학습

▌해당한자와 관련된 단어학습과 쓰기연습

術 準 序 招 承 証 条 状 常 情 織 職 制 性

▌초등학교 5학년 교육한자 14자의 音, 訓을 학습하여 이해할 수 있다.

▌해당한자와 관련된 단어학습과 쓰기연습을 통해 일본에서의 실생활에 활용할 수 있다.

| 術 | 準 | 序 | 招 |
|---|---|---|---|
| 음:ジュツ | 음:ジュン | 음:ジョ | 음:ショウ |
| 훈: | 훈: | 훈: | 훈:まねく |
| 手術(シュジュツ 수술) | 水準(スイジュン 수준) | 序列(ジョレツ 서열) | 招待(ショウタイ 초대)<br>招く(まねく 초대하다) |

**術** 재주 **술**
획수:11획
부수:行

丿 ニ 彳 彳 彳 彳 彳 術 術 術 術

術 術 術 術 術 術

**準** 준할 **준**
획수:13획
부수:水

丶 丶 冫 沪 沪 汇 汇 沖 淮 淮 淮 準 準

準 準 準 準 準 準

**序** 차례 **서**
획수:7획
부수:广

丶 宀 广 庐 序 序 序

序 序 序 序 序 序

**招** 부를 **초**
획수:8획
부수:手

一 十 扌 打 扪 招 招 招

招 招 招 招 招 招

| 承 | 証 | 条 | 状 |
|---|---|---|---|
| 음:ショウ | 음:ショウ | 음:ジョウ | 음:ジョウ |
| 훈:うけたまわる | 훈: | 훈: | 훈: |
| 承知(ショウチ 알아들음)<br>承る(うけたまわる 삼가 듣다,<br>삼가 받다) | 証拠(ショウコ 증거) | 条約(ジョウヤク 조약) | 現状(ゲンジョウ 현상) |

| 承<br><br>받들 **승**<br>획수:8획<br>부수:手 | 一 了 子 子 手 乑 承 承 承 承 承 | | | 承 承 承 | | | | | | |
|---|---|---|---|---|---|---|---|---|---|---|

| 証<br><br>증거 **증**<br>획수:12획<br>부수:言 | 一 一 一 言 言 言 言 訂 訂 訂 証 証 証 証 証 | | | 証 証 証 | | | | | | 證 |
|---|---|---|---|---|---|---|---|---|---|---|

| 条<br><br>조목 **조**<br>획수:7획<br>부수:木 | ノ ク タ 冬 条 条 条 条 条 条 | | | 条 条 条 | | | | | | 條 |
|---|---|---|---|---|---|---|---|---|---|---|

| 状<br><br>문서 **장**<br>획수:7획<br>부수:犬 | 丶 ソ 丬 丬 状 状 状 状 状 状 | | | 状 状 状 | | | | | | 狀 |
|---|---|---|---|---|---|---|---|---|---|---|

| 常 | 情 | 織 | 職 |
|---|---|---|---|
| 음:ジョウ | 음:ジョウ, セイ | 음:シキ, ショク | 음:ショク |
| 훈:つね, とこ | 훈:なさけ | 훈:おる | 훈: |
| 常識(ジョウシキ 상식)<br>常に(つねに 늘, 항상)<br>常(とこ (접두어로)항상 변하지<br>않음, 영원) | 情報(ジョウホウ 정보)<br>風情(フゼイ 풍치)<br>情け(なさけ 정) | 組織(ソシキ 조직)<br>紡織(ボウショク 방직)<br>織る(おる 짜다, 엮다) | 職員(ショクイン 직원) |

**常**
항상 **상**
획수:11획
부수:巾

丨 丨 丷 屮 屵 常 常 常 尚 常 常

常 常 常 | 常 常 常

**情**
정 **정**
획수:11획
부수:心

丶 丷 忄 忄 忄 忄 情 情 情 情 情　　　情

情 情 情 | 情 情 情

**織**
짤 **직**
획수:18획
부수:糸

丶 幺 幺 糸 糸 糸 糹 紏 紏 紒 絟 絟 絟 縒 織 織 織

織 織 織 | 織 織 織

**職**
벼슬 **직**
획수:18획
부수:耳

一 丅 丆 圧 耳 耵 职 聄 聇 聇 聄 聅 聧 聧 職 職 職

職 職 職 | 職 職 職

| 制 | 性 | | |
|---|---|---|---|
| 음:セイ | 음:セイ, ショウ, ジョウ | | |
| 훈: | 훈: | | |
| 制度(セイド 제도) | 性質(セイシツ 성질)<br>性分(ショウブン 천성, 성품)<br>根性(コンジョウ 근성) | | |

| 制<br><br>제도 제<br>획수:8획<br>부수:刀 | ノ ト ヒ 与 乍 制 制 | | | | | | |
|---|---|---|---|---|---|---|---|
| | 制 | 制 | 制 | 制 | 制 | 制 | |

| 性<br><br>성품 성<br>획수:8획<br>부수:心 | 、 、 忄 忄 忄 忙 性 性 | | | | | | |
|---|---|---|---|---|---|---|---|
| | 性 | 性 | 性 | 性 | 性 | 性 | |

1. 手術　＿＿＿＿＿＿＿＿＿＿＿＿＿＿＿＿＿＿＿
2. 水準　＿＿＿＿＿＿＿＿＿＿＿＿＿＿＿＿＿＿＿
3. 序列　＿＿＿＿＿＿＿＿＿＿＿＿＿＿＿＿＿＿＿
4. 招く　＿＿＿＿＿＿＿＿＿＿＿＿＿＿＿＿＿＿＿
5. 承知　＿＿＿＿＿＿＿＿＿＿＿＿＿＿＿＿＿＿＿
6. 証拠　＿＿＿＿＿＿＿＿＿＿＿＿＿＿＿＿＿＿＿
7. 条約　＿＿＿＿＿＿＿＿＿＿＿＿＿＿＿＿＿＿＿
8. 現状　＿＿＿＿＿＿＿＿＿＿＿＿＿＿＿＿＿＿＿
9. 常識　＿＿＿＿＿＿＿＿＿＿＿＿＿＿＿＿＿＿＿
10. 風情　＿＿＿＿＿＿＿＿＿＿＿＿＿＿＿＿＿＿＿
11. 組織　＿＿＿＿＿＿＿＿＿＿＿＿＿＿＿＿＿＿＿
12. 職員　＿＿＿＿＿＿＿＿＿＿＿＿＿＿＿＿＿＿＿
13. 制度　＿＿＿＿＿＿＿＿＿＿＿＿＿＿＿＿＿＿＿
14. 性分　＿＿＿＿＿＿＿＿＿＿＿＿＿＿＿＿＿＿＿

# Clip 03
# 초등학교 5학년 교육한자

▌ 초등학교 5학년 교육한자 14자의 音, 訓 학습

▌ 해당한자와 관련된 단어학습과 쓰기연습

政 勢 精 製 税 責 積 接 設 舌 絶 銭 祖 素

▌ 초등학교 5학년 교육한자 14자의 音, 訓을 학습하여 이해할 수 있다.

▌ 해당한자와 관련된 단어학습과 쓰기연습을 통해 일본에서의 실생활에 활용할 수 있다.

| 政 | 勢 | 精 | 製 |
|---|---|---|---|
| 음:セイ, ショウ | 음:セイ | 음:セイ, ショウ | 음:セイ |
| 훈:まつりごと | 훈:いきおい | 훈: | 훈: |
| 政策(セイサク 정책)<br>摂政(セッショウ 섭정)<br>政(まつりごと 정치) | 運勢(ウンセイ 운세)<br>勢い(いきおい 기세, 세력) | 精算(セイサン 정산)<br>精進(ショウジン 정진) | 製造(セイゾウ 제조) |

**政**

다스릴 **정**
획수:9획
부수:攵

一 丁 下 正 正 正 政 政 政

**勢**

기세 **세**
획수:13획
부수:力

一 十 圭 圭 夫 去 幸 坴 勎 勎 勎 勢 勢

**精**

정밀할 **정**
획수:14획
부수:米

丶 丶 丷 半 米 米 米 精 精 精 精 精　精

**製**

지을 **제**
획수:14획
부수:衣

丿 仁 仁 乍 告 制 制 制 製 製 製 製 製

| 税 | 責 | 積 | 接 |
|---|---|---|---|
| 음:ゼイ | 음:セキ | 음:セキ | 음:セツ |
| 훈: | 훈:せめる | 훈:つむ, つもる | 훈:つぐ |
| 税関(ゼイカン 세관) | 自責(ジセキ 자책)<br>責める(せめる 비난하다, 책망하다) | 体積(タイセキ 체적)<br>積む(つむ 쌓다)<br>積もる(つもる 쌓이다) | 直接(チョクセツ 직접)<br>接ぐ(つぐ 잇다) |

**税**

一 二 千 千 禾 禾 秆 秆 秒 秒 税 税

税 税 税 税 税 税

세금 세
획수:12획
부수:禾

**責**

一 一 十 丰 丰 青 青 青 青 責 責

責 責 責 責 責 責

꾸짖을 책
획수:11획
부수:貝

**積**

一 二 千 千 禾 禾 秆 秆 秆 秆 積 積 積 積 積 積

積 積 積 積 積 積

쌓을 적
획수:16획
부수:禾

**接**

一 十 扌 扌 扩 扩 护 护 接 接 接

接 接 接 接 接 接

이을 접
획수:11획
부수:手

| 設 | 舌 | 絶 | 銭 |
|---|---|---|---|
| 음:セツ, セッ | 음:ゼツ | 음:ゼツ, ゼッ | 음:セン |
| 훈:もうける | 훈:した | 훈:たえる, たやす, たつ | 훈:ぜに |
| 設備(セツビ 설비)<br>設置(セッチ 설치)<br>設ける(もうける 마련하다, 베풀다) | 毒舌(ドクゼツ 독설)<br>舌(した 혀) | 気絶(キゼツ 기절)<br>絶交(ゼッコウ 절교)<br>絶える(たえる 끊어지다, 중단되다)<br>絶やす(たやす 끊어지게 하다)<br>絶つ(たつ 끊다) | 銭湯(セントウ 공중목욕탕)<br>小銭(こぜに 동전) |

| 設 | 一 二 三 言 言 言 言 設 設 設 | | | 設 設 設 | | | | | |
|---|---|---|---|---|---|---|---|---|---|
| 세울 설<br>획수:11획<br>부수:言 | 設 | 設 | 設 | 設 | 設 | 設 | | | |

| 舌 | 一 二 千 千 舌 舌 | | | 舌 舌 舌 | | | | | |
|---|---|---|---|---|---|---|---|---|---|
| 혀 설<br>획수:6획<br>부수:舌 | 舌 | 舌 | 舌 | 舌 | 舌 | 舌 | | | |

| 絶 | ㄑ ㄠ ㄠ ㄠ 糸 糸 糸 糸 絶 絶 絶 | | | 絶 絶 絶 | | | | | |
|---|---|---|---|---|---|---|---|---|---|
| 끊을 절<br>획수:12획<br>부수:糸 | 絶 | 絶 | 絶 | 絶 | 絶 | 絶 | | | |

| 銭 | ノ ト ト 仝 牟 牟 金 金 釒 釒 釒 銭 銭 銭 | | | 銭 銭 銭 | | | | | 銭 |
|---|---|---|---|---|---|---|---|---|---|
| 돈 전<br>획수:14획<br>부수:金 | 銭 | 銭 | 銭 | 銭 | 銭 | 銭 | | | |

| 祖 | 素 | | |
|---|---|---|---|
| 음:ソ | 음:ソ, ス | | |
| 훈: | 훈: | | |
| 元祖(ガンソ 원조) | 素質(ソシツ 소질)<br>素性(スジョウ 혈통, 유래) | | |

| 祖<br><br>할아버지 조<br>획수:9획<br>부수:示/ネ | 丶 ㇈ ネ ネ ネ 礻 初 初 祖 祖 | | | | | | 祖 |
|---|---|---|---|---|---|---|---|
| | 祖 | 祖 | 祖 | 祖 | 祖 | 祖 | |

| 素<br><br>바탕 소<br>획수:10획<br>부수:糸 | 一 二 丰 圭 圭 丰 丰 素 素 素 | | | | | | |
|---|---|---|---|---|---|---|---|
| | 素 | 素 | 素 | 素 | 素 | 素 | |

1. 摂政 _____

2. 運勢 _____

3. 精算 _____

4. 製造 _____

5. 税関 _____

6. 自責 _____

7. 積む _____

8. 直接 _____

9. 設備 _____

10. 毒舌 _____

11. 絶える _____

12. 小銭 _____

13. 元祖 _____

14. 素質 _____

# Clip 04
# 초등학교 5학년 교육한자

▎초등학교 5학년 교육한자 14자의 音, 訓 학습

▎해당한자와 관련된 단어학습과 쓰기연습

総 造 像 増 則 測 属 率 損 退 貸 態 団 断

▎초등학교 5학년 교육한자 14자의 音, 訓을 학습하여 이해할 수 있다.

▎해당한자와 관련된 단어학습과 쓰기연습을 통해 일본에서의 실생활에 활용할 수 있다.

| 総 | 造 | 像 | 増 |
|---|---|---|---|
| 음:ソウ | 음:ゾウ | 음:ゾウ | 음:ゾウ |
| 훈: | 훈:つくる | 훈: | 훈:ます, ふえる, ふやす |
| 総会(ソウカイ 총회) | 木造(モクゾウ 목조)<br>造る(つくる 짓다, 만들다) | 画像(ガゾウ 화상) | 急増(キュウゾウ 급증)<br>増す(ます 많아지다, 늘다)<br>増える(ふえる 늘다, 증가하다)<br>増やす(ふやす 늘리다) |

### 総 모두 총 획수:14획 부수:糸

く 幺 幺 糸 糸 糸 糸 紉 紉 絵 絵 総 総 総　　　　總

総 総 総 総 総 総

### 造 지을 조 획수:10획 부수:辶

ノ ヒ 午 生 生 告 告 告 造 造　　　　造

造 造 造 造 造 造

### 像 본뜰 상 획수:14획 부수:人

ノ イ イ 伫 伫 伊 像 像 像 像 像 像 像 像

像 像 像 像 像 像

### 増 더할 증 획수:14획 부수:土

一 十 土 圹 圹 圹 圹 埣 増 増 増 増 増 増

増 増 増 増 増 増

| 則 | 測 | 属 | 率 |
|---|---|---|---|
| 음:ソク | 음:ソク | 음:ゾク | 음:リツ, ソツ |
| 훈: | 훈:はかる | 훈: | 훈:ひきいる |
| 原則(ゲンソク 원칙) | 観測(カンソク 관측)<br>測る(はかる 재다) | 属性(ゾクセイ 속성) | 能率(ノウリツ 능률)<br>引率(インソツ 인솔)<br>率直(ソッチョク 솔직)<br>率いる(ひきいる 거느리다, 인솔<br>하다) |

| 則 | | | | | | | | | | |
|---|---|---|---|---|---|---|---|---|---|---|
| 則<br>법칙 **칙**<br>획수:9획<br>부수:刀 | 丨 冂 冂 冃 冃 貝 貝 則 則 | | | | | | | | | |
| | 則 | 則 | 則 | 則 | 則 | 則 | | | | |

| 測 | | | | | | | | | | |
|---|---|---|---|---|---|---|---|---|---|---|
| 測<br>헤아릴 **측**<br>획수:12획<br>부수:水 | 丶 丶 氵 氿 泖 泖 泖 泖 測 測 測 | | | | | | | | | |
| | 測 | 測 | 測 | 測 | 測 | 測 | | | | |

| 属 | | | | | | | | | | 屬 |
|---|---|---|---|---|---|---|---|---|---|---|
| 属<br>무리 **속**<br>획수:12획<br>부수:尸 | 丆 尸 尸 尸 尸 尸 属 属 属 属 | | | | | | | | | |
| | 属 | 属 | 属 | 属 | 属 | 属 | | | | |

| 率 | | | | | | | | | | |
|---|---|---|---|---|---|---|---|---|---|---|
| 率<br>비율 **률**,<br>거느릴 **솔**<br>획수:11획<br>부수:玄 | 丶 亠 玄 玄 玄 玄 率 率 率 率 | | | | | | | | | |
| | 率 | 率 | 率 | 率 | 率 | 率 | | | | |

| 損 | 退 | 貸 | 態 |
|---|---|---|---|
| 음:ソン | 음:タイ | 음:タイ | 음:タイ |
| 훈:そこなう, そこねる | 훈:しりぞく, しりぞける | 훈:かす | 훈: |
| 損失(ソンシツ 손실)<br>損なう(そこなう 손상하다, 상하게 하다)<br>損ねる(そこねる 상하게 하다) | 退院(タイイン 퇴원)<br>退く(しりぞく 물러나다, 떠나다)<br>退ける(しりぞける 치우다, 옮기다) | 賃貸(チンタイ 임대)<br>貸す(かす 빌리다) | 態度(タイド 태도) |

**損** 잃을 **손** 획수:13획 부수:手

一 十 扌 扌 扩 扩 捐 捐 捐 捐 損 損

損 損 損 損 損 損

**退** 물러날 **퇴** 획수:9획 부수:辶

フ ㄱ ㅋ 艮 艮 艮 艮 退 退 　退

退 退 退 退 退 退

**貸** 빌릴 **대** 획수:12획 부수:貝

ノ イ 亻 代 代 代 代 佯 侪 貸 貸 貸

貸 貸 貸 貸 貸 貸

**態** 모양 **태** 획수:14획 부수:心

ム ム ㅅ 育 育 育 能 能 能 能 態 態 態

態 態 態 態 態 態

| 団 | 断 | | |
|---|---|---|---|
| 음:ダン,トン | 음:ダン | | |
| 훈: | 훈:ことわる, たつ | | |
| 集団(シュウダン 집단)<br>布団(フトン 이불) | 切断(セツダン 절단)<br>断る(ことわる 거절하다)<br>断つ(たつ 끊다) | | |

| 団<br><br>모일 단<br>획수:6획<br>부수:口 | 丨 冂 冃 団 団 団 | | | | | | 團 |
|---|---|---|---|---|---|---|---|
| | 団 | 団 | 団 | 団 | 団 | 団 | |

| 断<br><br>끊을 단<br>획수:11획<br>부수:斤 | 丶 丷 斗 米 米 米 迷 断 断 断 断 | | | | | | 斷 |
|---|---|---|---|---|---|---|---|
| | 断 | 断 | 断 | 断 | 断 | 断 | |

1. 総会 _____

2. 木造 _____

3. 画像 _____

4. 増す _____

5. 原則 _____

6. 観測 _____

7. 属性 _____

8. 引率 _____

9. 損失 _____

10. 退く _____

11. 賃貸 _____

12. 態度 _____

13. 布団 _____

14. 切断 _____

# Clip 05
# 초등학교 5학년 교육한자

▌ 초등학교 5학년 교육한자 13자의 音, 訓 학습
▌ 해당한자와 관련된 단어학습과 쓰기연습

築 張 提 程 適 敵 銃 銅 導 德 独 任 燃

▌ 초등학교 5학년 교육한자 13자의 音, 訓을 학습하여 이해할 수 있다.
▌ 해당한자와 관련된 단어학습과 쓰기연습을 통해 일본에서의 실생활에 활용할 수 있다.

| 築 | 張 | 提 | 程 |
|---|---|---|---|
| 음:チク | 음:チョウ | 음:テイ | 음:テイ |
| 훈:きずく | 훈:はる | 훈:さげる | 훈:ほど |
| 新築(シンチク 신축)<br>築く(きずく 쌓다, 쌓아 올리다) | 主張(シュチョウ 주장)<br>張る(はる 뻗어나다, 벌이다) | 提案(テイアン 제안)<br>提げる(さげる 들다) | 工程(コウテイ 공정)<br>程(ほど 정도) |

---

**築**
쌓을 **축**
획수:16획
부수:竹

ノ ㇑ ㇒ ㅥ 筭 筽 筑 筑 筑 筑 筑 筑 筑 築 築 築

築 築 築 | 築 築 築

---

**張**
벌릴 **장**
획수:11획
부수:弓

フ ㄱ 弓 引 引 弭 弭 張 張 張 張

張 張 張 | 張 張 張

---

**提**
내놓을 **제**
획수:12획
부수:手

一 ㇑ 扌 扣 护 护 捍 捍 捍 提 提

提 提 提 | 提 提 提

---

**程**
정도 **정**
획수:12획
부수:禾

一 ㇒ 千 禾 禾 利 秋 秒 秤 程 程 程

程 程 程 | 程 程 程

| 適 | 敵 | 銃 | 銅 |
|---|---|---|---|
| 음:テキ | 음:テキ | 음:ジュウ | 음:ドウ |
| 훈: | 훈:かたき | 훈: | 훈: |
| 適切(テキセツ 적절) | 強敵(キョウテキ 강적)<br>敵(かたき 원수) | 銃弾(ジュウダン 총탄) | 銅像(ドウゾウ 동상) |

| 適<br><br>알맞을 **적**<br>획수:14획<br>부수:辶 | ヽ 亠 ナ 产 产 产 啇 商 商 商 滴 滴 適 適 | | | | | | | 適 |
|---|---|---|---|---|---|---|---|---|
| | 適 | 適 | 適 | 適 | 適 | 適 | | |

| 敵<br><br>원수 **적**<br>획수:15획<br>부수:攵 | ヽ 亠 ナ 产 产 育 啇 商 商 商 商 敵 敵 敵 | | | | | | | |
|---|---|---|---|---|---|---|---|---|
| | 敵 | 敵 | 敵 | 敵 | 敵 | 敵 | | |

| 銃<br><br>총 **총**<br>획수:14획<br>부수:金 | ノ ハ ム 宀 숙 숟 金 金 釒 釓 鈝 銃 銃 銃 | | | | | | | |
|---|---|---|---|---|---|---|---|---|
| | 銃 | 銃 | 銃 | 銃 | 銃 | 銃 | | |

| 銅<br><br>구리 **동**<br>획수:14획<br>부수:金 | ノ ハ ム 宀 숙 숟 金 金 釘 釘 鈩 銅 銅 銅 | | | | | | | |
|---|---|---|---|---|---|---|---|---|
| | 銅 | 銅 | 銅 | 銅 | 銅 | 銅 | | |

| 導 | 徳 | 独 | 任 |
|---|---|---|---|
| 음:ドウ | 음:トク | 음:ドク | 음:ニン |
| 훈:みちびく | 훈: | 훈:ひとり | 훈:まかせる, まかす |
| 導入(ドウニュウ 도입)<br>導く(みちびく 안내하다, 인도하다) | 美徳(ビトク 미덕) | 独立(ドクリツ 독립)<br>独り(ひとり 독신, 홀몸) | 任務(ニンム 임무)<br>任せる(まかせる 맡기다)<br>任す(まかす 맡기다) |

## 導

丶 丷 猶 猶 产 首 首 首 首 道 道 道 導 導

인도할 **도**
획수:15획
부수:寸

導 導 導 | 導 導 導

## 徳

丿 彳 彳 彳 彳 彳 彳 德 徳 徳 徳 徳 徳　　　　徳

덕 **덕**
획수:14획
부수:彳

徳 徳 徳 | 徳 徳 徳

## 独

丿 犭 犭 犭 狆 狆 狆 独 独　　　　獨

홀로 **독**
획수:9획
부수:犬

独 独 独 | 独 独 独

## 任

丿 亻 亻 仁 仟 任

맡길 **임**
획수:6획
부수:人

任 任 任 | 任 任 任

| 燃 | | | |
|---|---|---|---|
| 음:ネン | | | |
| 훈:もえる, もやす | | | |
| 燃費(ネンピ 연비)<br>燃える(もえる 타다, 불타다)<br>燃やす(もやす 태우다, 불태우다) | | | |

| 燃<br><br>불탈 연<br>획수:16획<br>부수:火 | ` ` ` ` 火 火 炒 炒 炒 炒 炒 燃 燃 燃 燃 燃 燃 |
|---|---|
| | 燃 燃 燃 燃燃燃 |

1. 新築 _____

2. 主張 _____

3. 提案 _____

4. 工程 _____

5. 適切 _____

6. 敵 _____

7. 銃弾 _____

8. 銅像 _____

9. 導く _____

10. 美徳 _____

11. 独立 _____

12. 任せる _____

13. 燃費 _____

# Clip 01
# 초등학교 5학년 교육한자

학습내용

▌초등학교 5학년 교육한자 15자의 音, 訓 학습
▌해당한자와 관련된 단어학습과 쓰기연습

能 破 犯 判 版 比 肥 非 備 俵 評 貧 布 婦 富

학습목표

▌초등학교 5학년 교육한자 15자의 音, 訓을 학습하여 이해할 수 있다.
▌해당한자와 관련된 단어학습과 쓰기연습을 통해 일본에서의 실생활에 활용할 수 있다.

| 能 | 破 | 犯 | 判 |
|---|---|---|---|
| 음:ノウ | 음:ハ | 음:ハン | 음:ハン, バン |
| 훈: | 훈:やぶる, やぶれる | 훈:おかす | 훈: |
| 本能(ホンノウ 본능) | 破産(ハサン 파산)<br>破る(やぶる 찢다, 깨다)<br>破れる(やぶれる 찢어지다, 깨지다) | 犯人(ハンニン 범인)<br>犯す(おかす 범하다, 어기다) | 判決(ハンケツ 판결)<br>小判(コバン 작은 판, 금화) |

### 能
능할 **능**
획수:10획
부수:月

ㄴ ㄥ ㄐ 台 台 台 肖 能 能 能

能 能 能 | 能 能 能

### 破
깨질 **파**
획수:10획
부수:石

一 ア イ 石 石 砂 砂 砂 破 破

破 破 破 | 破 破 破

### 犯
범할 **범**
획수:5획
부수:犭

ノ ナ 犭 犭 犯

犯 犯 犯 | 犯 犯 犯

### 判
판단할 **판**
획수:7획
부수:刀

丶 丶 ソ 半 半 判 判　　　　判

判 判 判 | 判 判 判

| | | | |
|---|---|---|---|
| 版 | 比 | 肥 | 非 |
| 음:ハン, パン, バン | 음:ヒ | 음:ヒ | 음:ヒ |
| 훈: | 훈:くらべる | 훈:こえ, こやす, こやし | 훈: |
| 初版(ショハン 초판)<br>出版(シュッパン 출판)<br>限定版(ゲンテイバン 한정판) | 対比(タイヒ 대비)<br>比べる(くらべる 대조하다) | 肥満(ヒマン 비만)<br>肥(こえ 비료, 분뇨)<br>肥やす(こやす 살찌우다, 기르다)<br>肥し(こやし 거름, 비료) | 非難(ヒナン 비난) |

| 版<br><br>인쇄할 **판**<br>획수:8획<br>부수:片 | ノ 丿 广 广 片 片 版 版 版 |
|---|---|

版 版 版  版版版

| 比<br><br>견줄 **비**<br>획수:4획<br>부수:比<br>(제부수) | 一 上 上 比 |
|---|---|

比 比 比  比比比

| 肥<br><br>살찔 **비**<br>획수:8획<br>부수:月 | ノ 刀 刀 月 月 刖 刖 肥 |
|---|---|

肥 肥 肥  肥肥肥

| 非<br><br>아닐 **비**<br>획수:8획<br>부수:非<br>(제부수) | ノ ナ ヲ ヲ 非 非 非 非 |
|---|---|

非 非 非  非非非

| 備 | 俵 | 評 | 貧 |
|---|---|---|---|
| 음:ビ | 음:ヒョウ, ピョウ | 음:ヒョウ | 음:ビン, ヒン |
| 훈:そなえる, そなわる | 훈:たわら | 훈: | 훈:まずしい |
| 整備(セイビ 정비)<br>備える(そなえる 대비하다)<br>備わる(そなわる 갖추어지다) | 土俵(ドヒョウ 씨름판)<br>一俵(イッピョウ 한 가마니)<br>俵(たわら 가마니)<br>米俵(こめだわら 쌀가마니) | 評判(ヒョウバン 평판)<br>論評(ロンピョウ 논평) | 貧乏(ビンボウ 빈핍, 가난함)<br>貧血(ヒンケツ 빈혈)<br>貧しい(まずしい 가난하다) |

**備**
갖출 **비**
획수:12획
부수:人

ノ 亻 亻 亻 俨 俨 佛 備 備 備 備 備

備 備 備 備 備 備

**俵**
가마니 **표**
획수:10획
부수:人

ノ 亻 亻 亻 伴 佳 俵 俵 俵 俵

俵 俵 俵 俵 俵 俵

**評**
평할 **평**
획수:12획
부수:言

丶 亠 亖 言 言 言 訂 評 評 評    評

評 評 評 評 評 評

**貧**
가난할 **빈**
획수:11획
부수:貝

ノ 八 今 分 分 貧 貧 貧 貧 貧 貧

貧 貧 貧 貧 貧 貧

| 布 | 婦 | 富 | |
|---|---|---|---|
| 음:フ | 음:フ, プ | 음:フ, プ, フウ | |
| 훈:ぬの | 훈: | 훈:とむ, とみ | |
| 毛布(モウフ 모포)<br>布(ぬの 포목) | 主婦(シュフ 주부)<br>新婦(シンプ 신부) | 豊富(ホウフ 풍부)<br>貧富(ヒンプ 빈부)<br>富貴(フウキ 부귀)<br>富む(とむ 부유해지다)<br>富(とみ 부, 재산) | |

| 布<br><br>펼 포<br>획수:5획<br>부수:巾 | ノ ナ オ 右 布 |||| | | |
|---|---|---|---|---|---|---|---|
| | 布 | 布 | 布 | 布 | 布 | 布 | |

| 婦<br><br>아내 부<br>획수:11획<br>부수:女 | く 女 女 女' 女'' 女''' 女'''' 婦'' 婦''' 婦 婦 |||| | | |
|---|---|---|---|---|---|---|---|
| | 婦 | 婦 | 婦 | 婦 | 婦 | 婦 | |

| 富<br><br>넉넉할 부<br>획수:12획<br>부수:宀 | ' ' 宀 宀 宁 宁 宫 宫 宫 宫 富 富 |||| | | |
|---|---|---|---|---|---|---|---|
| | 富 | 富 | 富 | 富 | 富 | 富 | |

|  | | | | | |
|---|---|---|---|---|---|
| | | | | | |

1. 本能 _____

2. 破る _____

3. 犯人 _____

4. 判決 _____

5. 初版 _____

6. 対比 _____

7. 肥やす _____

8. 非難 _____

9. 整備 _____

10. 土俵 _____

11. 評判 _____

12. 貧乏 _____

13. 毛布 _____

14. 主婦 _____

15. 富貴 _____

# Clip 02
## 초등학교 5학년 교육한자

학습내용

▌ 초등학교 5학년 교육한자 15자의 音, 訓 학습
▌ 해당한자와 관련된 단어학습과 쓰기연습

武 復 複 仏 編 弁 保 墓 報 豊 防 貿 暴 務 夢

학습목표

▌ 초등학교 5학년 교육한자 15자의 音, 訓을 학습하여 이해할 수 있다.
▌ 해당한자와 관련된 단어학습과 쓰기연습을 통해 일본에서의 실생활에 활용할 수 있다.

| 武 | 復 | 複 | 仏 |
|---|---|---|---|
| 음:ブ, ム | 음:フク, フッ, プク | 음:フク | 음:ブツ, ブッ |
| 훈: | 훈: | 훈: | 훈:ほとけ |
| 武器(ブキ 무기)<br>武者(ムシャ 무사) | 回復(カイフク 회복)<br>復活(フッカツ 부활)<br>反復(ハンプク 반복) | 複合(フクゴウ 복합) | 念仏(ネンブツ 염불)<br>仏教(ブッキョウ 불교)<br>仏(ほとけ 부처, 불상) |

**武**
군사 **무**
획수:8획
부수:止

一 二 干 于 正 正 武 武

武 武 武 | 武 武 武

**復**
다시 **부**,
돌아올 **복**
획수:12획
부수:彳

丿 勹 彳 彳 仁 仁 徂 徂 復 復 復 復

復 復 復 | 復 復 復

**複**
겹칠 **복**
획수:14획
부수:衣

丿 勹 亠 亍 衤 衤 衤 衤 裑 衵 裑 裑 複

複 複 複 | 複 複 複

**仏**
부처 **불**
획수:4획
부수:人

丿 亻 仏 仏 　　　　　　　　　　佛

仏 仏 仏 | 仏 仏 仏

| 編 | 弁 | 保 | 墓 |
|---|---|---|---|
| 음:ヘン | 음:ベン | 음:ホ | 음:ボ |
| 훈:あむ | 훈: | 훈:たもつ | 훈:はか |
| 編集(ヘンシュウ 편집)<br>編む(あむ 엮다, 뜨다) | 弁護士(ベンゴシ 변호사) | 保管(ホカン 보관)<br>保つ(たもつ 지키다, 유지하다) | 墓地(ボチ 묘지)<br>墓(はか 묘, 무덤) |

**編**
엮을 **편**
획수:15획
부수:糸

ㄑ 纟 纟 糸 糸 糸 糽 紆 紆 紵 絹 絹 絹 編 編

編 編 編 編 編 編

**弁**
고깔 **변**
획수:5획
부수:廾

ㄥ ㅛ ㅛ ㅛ 弁    辨

弁 弁 弁 弁 弁 弁

**保**
지킬 **보**
획수:9획
부수:人

ノ イ イ 仔 仔 仔 伴 保 保

保 保 保 保 保 保

**墓**
무덤 **묘**
획수:13획
부수:土

一 十 井 甘 甘 甘 甘 苜 苩 莫 莫 莫 墓 墓

墓 墓 墓 墓 墓 墓

| 報 | 豊 | 防 | 貿 |
|---|---|---|---|
| 음:ホウ | 음:ホウ | 음:ボウ | 음:ボウ |
| 훈:むくいる | 훈:ゆたか | 훈:ふせぐ | 훈: |
| 速報(ソクホウ 속보)<br>報いる(むくいる 보답하다) | 豊作(ホウサク 풍작)<br>豊か(ゆたか 풍부함, 넉넉함) | 防水(ボウスイ 방수)<br>防ぐ(ふせぐ 막다, 방어하다) | 貿易(ボウエキ 무역) |

**報**
갚을 **보**
획수:12획
부수:土

一 十 土 キ キ 査 圭 幸 幸 幸 報 報 報

報 報 報 | 報 報 報

**豊**
풍성할 **풍**
획수:13획
부수:豆

丨 冂 冃 由 曲 曲 豊 豊 豊 豊 豊 豊 豊

豊 豊 豊 | 豊 豊 豊

**防**
막을 **방**
획수:7획
부수:阝

丶 阝 阝 阝 阞 防 防

防 防 防 | 防 防 防

**貿**
바꿀 **무**
획수:12획
부수:貝

丶 卩 夘 夘 夘 貿 貿 貿 貿 貿 貿

貿 貿 貿 | 貿 貿 貿

| 暴 | 務 | 夢 | |
|---|---|---|---|
| 음:ボウ, バク | 음:ム | 음:ム | |
| 훈:あばれる, あばく | 훈:つとめる, つとまる | 훈:ゆめ | |
| 暴力(ボウリョク 폭력)<br>暴露(バクロ 폭로)<br>暴れる(あばれる 날뛰다, 난동 부리다)<br>暴く(あばく 폭로하다, 들추어내다) | 任務(ニンム 임무)<br>務める(つとめる 역할을 다하다)<br>務まる(つとまる 감당해 내다) | 悪夢(アクム 악몽)<br>夢(ゆめ 꿈) | |

| 暴<br><br>사나울 **폭**<br>획수:15획<br>부수:日 | 丨 冂 冃 昌 昌 杲 杲 杲 昇 異 暴 暴 暴 暴 暴 |
|---|---|
| | 暴 暴 暴 暴 暴 暴 |

| 務<br><br>힘쓸 **무**<br>획수:11획<br>부수:力 | ﾌ ﾏ ﾇ 予 矛 矛 矜 矜 矜 務 務 |
|---|---|
| | 務 務 務 務 務 務 |

| 夢<br><br>꿈 **몽**<br>획수:13획<br>부수:夕 | 一 十 艹 芦 芦 芦 芦 苗 萌 苒 芦 夢 夢 夢 |
|---|---|
| | 夢 夢 夢 夢 夢 夢 |

1. 武者 _____
2. 回復 _____
3. 複合 _____
4. 念仏 _____
5. 編む _____
6. 弁護士 _____
7. 保管 _____
8. 墓地 _____
9. 報いる _____
10. 豊作 _____
11. 防水 _____
12. 貿易 _____
13. 暴露 _____
14. 任務 _____
15. 悪夢 _____

# Clip 03
# 초등학교 5학년/6학년 교육한자

**학습내용**

▎초등학교 5학년 교육한자 9자와 6학년 교육한자 5자의 音, 訓 학습

▎해당한자와 관련된 단어학습과 쓰기연습

迷 錦 輪 余 預 容 略 留 領 異 遺 域 宇 映

**학습목표**

▎초등학교 5학년 교육한자 9자와 6학년 교육한자 5자의 音, 訓을 학습하여 이해할 수 있다.

▎해당한자와 관련된 단어학습과 쓰기연습을 통해 일본에서의 실생활에 활용할 수 있다.

| 迷 | 錦 | 輪 | 余 |
|---|---|---|---|
| 음:メイ | 음:キン | 음:リン | 음:ヨ |
| 훈:まよう | 훈:にしき | 훈:わ | 훈:あまる, あます |
| 迷路(メイロ 미로)<br>迷う(まよう 헤매다) | 錦秋(キンシュウ 단풍 든 가을)<br>錦(にしき 비단) | 五輪(ゴリン 오륜)<br>輪(わ 고리, 바퀴) | 余白(ヨハク 여백)<br>余る(あまる 남다)<br>余す(あます 남기다) |

**迷**
헷갈릴 **미**
획수:9획
부수:辶

丶 丷 丷 半 半 米 米 迷 迷　　　　　迷

迷 迷 迷 | 迷 迷 迷

**錦**
비단 **금**
획수:16획
부수:金

丿 𠂉 𠂉 𠂤 牟 牟 𫠦 金 釒 釒 釒 鉑 鉑 鉑 錦 錦

錦 錦 錦 | 錦 錦 錦

**輪**
바퀴 **륜**
획수:15획
부수:車

一 厂 厂 冃 百 亘 車 軐 軐 軐 輪 輪 輪 輪

輪 輪 輪 | 輪 輪 輪

**余**
남을 **여**
획수:7획
부수:人

丿 𠆢 𠆢 𠆢 亽 余 余　　　　　餘

余 余 余 | 余 余 余

| 預 | 容 | 略 | 留 |
|---|---|---|---|
| 음:ヨ | 음:ヨウ | 음:リャク | 음:リュウ, ル |
| 훈:あずける, あずかる | 훈: | 훈: | 훈:とめる, とまる |
| 預金(ヨキン 예금)<br>預ける(あずける 맡기다)<br>預かる(あずかる 맡다, 보관하다) | 美容(ビヨウ 미용) | 計略(ケイリャク 계략) | 保留(ホリュウ 보류)<br>留守(ルス 부재 중)<br>留める(とめる 멈추게 하다)<br>留まる(とまる 멎다, 서다) |

**預**
맡길 **예**
획수:13획
부수:頁

フ マ マ ヂ 予 予 予 矛 預 預 預 預 預

預 預 預 預預預

**容**
얼굴 **용**
획수:10획
부수:宀

ʻ ʼ ヴ 宁 灾 灾 突 突 容 容

容 容 容 容容容

**略**
간략할 **략**
획수:11획
부수:田

丨 冂 冂 田 田 田 畛 畛 略 略 略

略 略 略 略略略

**留**
머무를 **류**
획수:10획
부수:田

ʻ ㇉ ㇉ ㇉ 幻 幻 卯 留 留 留

留 留 留 留留留

| 領 | 異 | 遺 | 域 |
|---|---|---|---|
| 음:リョウ | 음:イ | 음:イ, ユイ | 음:イキ |
| 훈: | 훈:ことなる | 훈: | 훈: |
| 領土(リョウド 영토) | 異性(イセイ 이성)<br>異なる(ことなる 다르다) | 遺書(イショ 유서)<br>遺言(ユイゴン 유언) | 地域(チイキ 지역) |

| 領<br><br>거느릴 **령**<br>획수:14획<br>부수:頁 | ノ ヘ △ 今 今 令 令 令 領 領 領 領 領 領 |
|---|---|
| | 領 領 領 領 領 領 |

| 異<br><br>다를 **이**<br>획수:11획<br>부수:田 | l 口 冂 田 用 田 甲 里 里 異 異 |
|---|---|
| | 異 異 異 異 異 異 |

| 遺<br><br>남길 **유**<br>획수:15획<br>부수:辶 | l 冂 吕 虫 虫 虫 胄 冑 冑 冑 貴 貴 遺 遺 遺　　　遺 |
|---|---|
| | 遺 遺 遺 遺 遺 遺 |

| 域<br><br>지경 **역**<br>획수:11획<br>부수:土 | 一 十 士 圹 圹 圹 圹 域 域 域 |
|---|---|
| | 域 域 域 域 域 域 |

| 宇 | 映 | | |
|---|---|---|---|
| 음:ウ | 음:エイ | | |
| 훈: | 훈:うつる, うつす, はえる | | |
| 宇宙(ウチュウ 우주) | 映画(エイガ 영화)<br>映る(うつる 비치다)<br>映す(うつす 비추다)<br>映える(はえる 빛나다) | | |

| 宇<br><br>집 우<br>획수:6획<br>부수:宀 | ` ｀ ｀ 宀 宀 宇 宇` | | | | | |
|---|---|---|---|---|---|---|
| | 宇 | 宇 | 宇 | 宇 宇 宇 | | |

| 映<br><br>비칠 영<br>획수:9획<br>부수:日 | `｜ 冂 冂 冃 日 旷 旷 昁 映 映` | | | | | |
|---|---|---|---|---|---|---|
| | 映 | 映 | 映 | 映 映 映 | | |

1. 迷路 _____

2. 錦 _____

3. 五輪 _____

4. 余白 _____

5. 預ける _____

6. 美容 _____

7. 計略 _____

8. 保留 _____

9. 領土 _____

10. 異なる _____

11. 遺言 _____

12. 地域 _____

13. 宇宙 _____

14. 映る _____

# Clip 04
# 초등학교 6학년 교육한자

학습내용

▌초등학교 6학년 교육한자 15자의 音, 訓 학습

▌해당한자와 관련된 단어학습과 쓰기연습

延沿我灰拡革閣割株干巻看簡危机

학습목표

▌초등학교 6학년 교육한자 15자의 音, 訓을 학습하여 이해할 수 있다.

▌해당한자와 관련된 단어학습과 쓰기연습을 통해 일본에서의 실생활에 활용할 수 있다.

| 延 | 沿 | 我 | 灰 |
|---|---|---|---|
| 음:エン | 음:エン | 음:ガ | 음:カイ |
| 훈:のびる, のべる, のばす | 훈:そう | 훈:われ, わ | 훈:はい |
| 延期(エンキ 연기)<br>延びる(のびる 연기되다)<br>延べる(のべる 늘이다)<br>延ばす(のばす 펴다, 늘이다) | 沿岸(エンガン 연안)<br>沿う(そう 따르다) | 我流(ガリュウ 아류)<br>我(われ 나)<br>我が家(わがや 우리 집) | 石灰(セッカイ 석회)<br>灰(はい 재) |

**延**
늘일 **연**
획수:8획
부수:廴

一 丁 千 正 正 延 延
延 延 延 延 延 延

**沿**
물 따라
내려갈 **연**
획수:8획
부수:水

丶 丶 氵 氵 氵 沿 沿 沿
沿 沿 沿 沿 沿 沿

**我**
나 **아**
획수:7획
부수:戈

一 二 千 手 扎 我 我
我 我 我 我 我 我

**灰**
재 **회**
획수:6획
부수:火

一 厂 厂 厉 厉 灰
灰 灰 灰 灰 灰 灰

| 拡 | 革 | 閣 | 割 |
|---|---|---|---|
| 음:カク | 음:カク | 음:カク | 음:カツ |
| 훈: | 훈:かわ | 훈: | 훈:わる, わり, われる, さく |
| 拡張(カクチョウ 확장) | 革新(カクシン 확신)<br>革(かわ 가죽) | 内閣(ナイカク 내각) | 分割(ブンカツ 분할)<br>割る(わる 나누다)<br>割り算(わりざん 나눗셈)<br>割れる(われる 깨지다)<br>割く(さく 가르다, 째다) |

**拡**

넓힐 **확**
획수:8획
부수:手

一 ナ 扌 扩 扩 扩 拡 拡　　　　　　　　　　　**擴**

拡 拡 拡 拡 拡 拡

**革**

가죽 **혁**
획수:9획
부수:革
(제부수)

一 十 廾 廾 芦 芦 苫 苣 革

革 革 革 革 革 革

**閣**

내각 **각**
획수:14획
부수:門

丨 冂 冂 冋 冋 冋 門 門 門 門 閃 閁 閣 閣

閣 閣 閣 閣 閣 閣

**割**

나눌 **할**
획수:12획
부수:刀

丶 宀 宀 宀 宆 害 害 害 割 割

割 割 割 割 割 割

| 株 | 干 | 巻 | 看 |
|---|---|---|---|
| 음: | 음:カン | 음:カン, ケン | 음:カン |
| 훈:かぶ | 훈:ほす, ひる | 훈:まく | 훈: |
| 株(かぶ 그루, 포기) | 干渉(カンショウ 간섭)<br>干す(ほす 말리다, 널다)<br>干る(ひる 마르다) | 巻末(カンマツ 권말)<br>席巻(セッケン 석권)<br>巻く(まく 말다, 감다) | 看護(カンゴ 간호) |

**株**

一 十 才 木 木 杧 杧 杵 株 株

그루 **주**
획수:10획
부수:木

株 株 株 株 株 株

**干**

一 二 干

마를 **건**
획수:3획
부수:干
(제부수)

干 干 干 干 干 干

**巻**

丶 丷 艹 半 关 券 巻 巻　　　　　　　　　巻

책 **권**
획수:9획
부수:己

巻 巻 巻 巻 巻 巻

**看**

一 二 三 チ 看 看 看 看

볼 **간**
획수:9획
부수:目

看 看 看 看 看 看

| 簡 | 危 | 机 | |
|---|---|---|---|
| 음:カン | 음:キ | 음:キ | |
| 훈: | 훈:あぶない, あやうい, あやぶむ | 훈:つくえ | |
| 簡単(カンタン 간단) | 危害(キガイ 위해)<br>危ない(あぶない 위험하다)<br>危うい(あやうい 위태롭다,<br>위험하다)<br>危ぶむ(あやぶむ 의심하다) | 机上(キジョウ 탁상)<br>机(つくえ 책상) | |

| 簡<br><br>편지 **간**<br>획수:18획<br>부수:竹 | ⟍ ⟋ ⟋⟋ ⟋⟋ ⟋⟋⟋ 竹 竹 竹 竹 竹 簡 簡 簡 簡 簡 簡 簡 | | | | | |
|---|---|---|---|---|---|---|
| | 簡 | 簡 | 簡 | 簡 | 簡 | 簡 |

| 危<br><br>위험할 **위**<br>획수:6획<br>부수:卩 | ⟋ ⟋⟋ ⟋⟋ 产 危 危 | | | | | |
|---|---|---|---|---|---|---|
| | 危 | 危 | 危 | 危 | 危 | 危 |

| 机<br><br>책상 **궤**<br>획수:6획<br>부수:木 | 一 十 才 木 札 机 | | | | | |
|---|---|---|---|---|---|---|
| | 机 | 机 | 机 | 机 | 机 | 机 |

| | | | | | | |
|---|---|---|---|---|---|---|
| | | | | | | |

1. 延期 _____

2. 沿岸 _____

3. 我流 _____

4. 灰 _____

5. 拡張 _____

6. 革新 _____

7. 内閣 _____

8. 割り算 _____

9. 株 _____

10. 干渉 _____

11. 巻末 _____

12. 看護 _____

13. 簡単 _____

14. 危害 _____

15. 机上 _____

# Clip 05
# 초등학교 6학년 교육한자

▎초등학교 6학년 교육한자 15자의 音, 訓 학습

▎해당한자와 관련된 단어학습과 쓰기연습

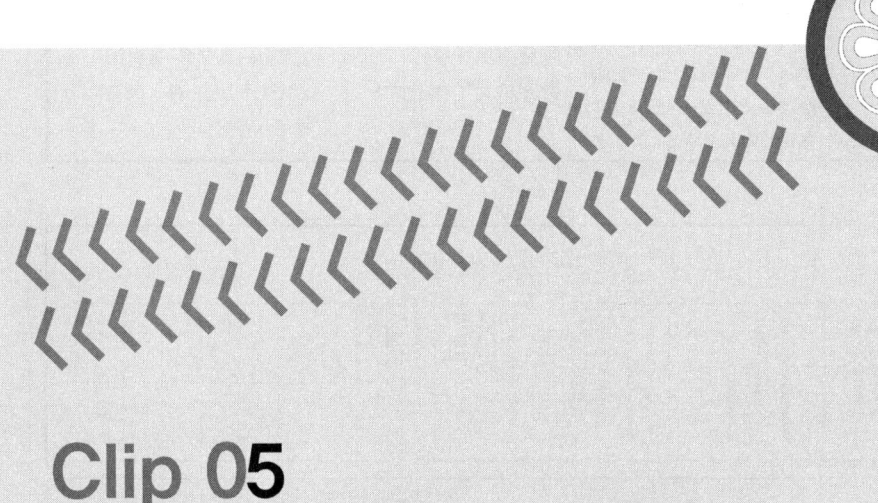

揮 貴 疑 吸 供 胸 鄕 勤 筋 系 敬 警 劇 激 穴

▎초등학교 6학년 교육한자 15자의 音, 訓을 학습하여 이해할 수 있다.

▎해당한자와 관련된 단어학습과 쓰기연습을 통해 일본에서의 실생활에 활용할 수 있다.

| 揮 | 貴 | 疑 | 吸 |
|---|---|---|---|
| 음:キ | 음:キ | 음:ギ | 음:キュウ |
| 훈: | 훈:たっとい、とうとい、たっとぶ、とうとぶ | 훈:うたがう | 훈:すう |
| 指揮(シキ 지휘) | 貴重(キチョウ 귀중)<br>貴い(たっとい 고귀하다, 귀하다)<br>貴い(とうとい 고귀하다, 귀하다)<br>貴ぶ(たっとぶ 숭상하다, 공경하다)<br>貴ぶ(とうとぶ 숭상하다, 공경하다) | 質疑(シツギ 질의)<br>疑う(うたがう 의심하다) | 吸引(キュウイン 흡인)<br>吸う(すう 들이쉬다, 호흡하다) |

**揮**
지휘할 **휘**
획수:12획
부수:手

一 十 扌 扩 护 护 掃 掃 揎 揮 揮

**貴**
귀할 **귀**
획수:12획
부수:貝

丨 口 日 虫 虫 虫 昔 書 昔 昔 貴 貴

**疑**
의심할 **의**
획수:14획
부수:疋

一 匕 匕 兰 异 宾 宾 吳 贫 豝 舜 疑 疑

**吸**
마실 **흡**
획수:6획
부수:口

丨 口 口 叮 叨 吸 吸

| 供 | 胸 | 郷 | 勤 |
|---|---|---|---|
| 음:キョウ, ク | 음:キョウ | 음:キョウ, ゴウ | 음:キン, ゴン |
| 훈:そなえる, とも | 훈:むね, むな | 훈: | 훈:つとめる, つとまる |
| 供出(キョウシュツ 공출)<br>供養(クヨウ 공양)<br>供える(そなえる 신불에 올리다)<br>供(とも 수행원) | 度胸(ドキョウ 담력, 배짱)<br>胸(むね 가슴)<br>胸元(むなもと 앞가슴) | 故郷(コキョウ 고향)<br>本郷(ホンゴウ 본향) | 勤労(キンロウ 근로)<br>勤行(ゴンギョウ 근행)<br>勤める(つとめる 근무하다)<br>勤まる(つとまる 감당하다) |

| 供<br><br>줄 공<br>획수:8획<br>부수:人 | ノ イ 仁 什 什 供 供 供 |
|---|---|

供 供 供 | 供 供 供 |

| 胸<br><br>가슴 흉<br>획수:10획<br>부수:月 | ） 刀 月 月 月 肎 胸 胸 胸 胸 |
|---|---|

胸 胸 胸 | 胸 胸 胸 |

| 郷<br><br>고향 향<br>획수:11획<br>부수:阝 | ＜ ＜ ＜ 幺 幺 幺 鄉 鄉 鄉 鄉 鄉　　　　　郷 |
|---|---|

郷 郷 郷 | 郷 郷 郷 |

| 勤<br><br>부지런할 근<br>획수:12획<br>부수:力 | 一 十 廿 廿 芦 芹 芦 莒 莒 菫 菫 勤 勤　　　　　勤 |
|---|---|

勤 勤 勤 | 勤 勤 勤 |

| 筋 | 系 | 敬 | 警 |
|---|---|---|---|
| 음:キン | 음:ケイ | 음:ケイ | 음:ケイ |
| 훈:すじ | 훈: | 훈:うやまう | 훈: |
| 腹筋(フッキン 복근)<br>筋(すじ 줄거리, 근육) | 系統(ケイトウ 계통) | 敬語(ケイゴ 경어)<br>敬う(うやまう 공경하다) | 警察(ケイサツ 경찰) |

**筋**
힘줄 **근**
획수:12획
부수:竹

ノ ト ト 竹 竹 竹 竹 筋 筋 筋 筋 筋

筋 筋 筋 | 筋 筋 筋

**系**
이을 **계**
획수:7획
부수:糸

一 ㄱ 互 玉 平 系 系

系 系 系 | 系 系 系

**敬**
공경할 **경**
획수:12획
부수:攵

一 十 十 艹 芍 芍 苟 苟 苟 苟 敬 敬

敬 敬 敬 | 敬 敬 敬

**警**
경계할 **경**
획수:19획
부수:言

一 十 十 艹 芍 芍 芍 苟 苟 苟 敬 敬 敬 警 警 警 警 警 警

警 警 警 | 警 警 警

| 劇 | 激 | 穴 | |
|---|---|---|---|
| 음:ゲキ | 음:ゲキ | 음:ケツ | |
| 훈: | 훈:はげしい | 훈:あな | |
| 劇団(ゲキダン 극단) | 感激(カンゲキ 감격)<br>激しい(はげしい 심하다, 격심<br>하다) | 墓穴(ボケツ 묘혈, 무덤)<br>穴(あな 구멍) | |

| 劇 | ⼀ ⼟ ⼟ ⼴ ⼾ ⼾ ⼾ ⼾ 虎 虍 虏 虜 虜 劇 劇 | | | |
|---|---|---|---|---|
| 연극 극<br>획수:15획<br>부수:刀 | 劇 | 劇 | 劇 | 劇 劇 劇 |

| 激 | ⼀ ⼀ ⼀ ⼀ 氵 沪 沪 沪 沪 淖 淖 淖 激 激 激 激 | | | |
|---|---|---|---|---|
| 부딪칠 격<br>획수:16획<br>부수:水 | 激 | 激 | 激 | 激 激 激 |

| 穴 | ⼀ ⼀ ⼧ ⼧ 穴 | | | |
|---|---|---|---|---|
| 구멍 혈<br>획수:5획<br>부수:穴 | 穴 | 穴 | 穴 | 穴 穴 穴 |

| | | | | |
|---|---|---|---|---|
| | | | | |

1. 指揮 _____
2. 貴重 _____
3. 疑う _____
4. 吸引 _____
5. 供出 _____
6. 度胸 _____
7. 故郷 _____
8. 勤労 _____
9. 筋 _____
10. 系統 _____
11. 敬う _____
12. 警察 _____
13. 劇団 _____
14. 感激 _____
15. 墓穴 _____

# Clip 01
# 초등학교 6학년 교육한자

학습내용

▍초등학교 6학년 교육한자 15자의 音, 訓 학습
▍해당한자와 관련된 단어학습과 쓰기연습

絹 権 憲 源 厳 己 呼 誤 后 孝 皇 紅 降 鋼 刻

학습목표

▍초등학교 6학년 교육한자 15자의 音, 訓을 학습하여 이해할 수 있다.
▍해당한자와 관련된 단어학습과 쓰기연습을 통해 일본에서의 실생활에 활용할 수 있다.

| 絹 | 権 | 憲 | 源 |
|---|---|---|---|
| 음:ケン | 음:ケン, ゴン | 음:ケン | 음:ゲン |
| 훈:きぬ | 훈: | 훈: | 훈:みなもと |
| 人絹(ジンケン 인견)<br>絹(きぬ 비단) | 権利(ケンリ 권리)<br>権化(ゴンゲ 화신) | 憲法(ケンポウ 헌법) | 電源(デンゲン 전원)<br>源(みなもと 근원) |

**絹**
ﾞ 纟 纟 纟 糸 糸 糸 紆 紆 紆 絹 絹 絹

비단 **견**
획수:13획
부수:糸

絹 絹 絹 | 絹 絹 絹

**権**
一 十 才 木 术 杧 栌 栌 栌 栌 栌 梓 権 権 　　権

권세 **권**
획수:15획
부수:木

権 権 権 | 権 権 権

**憲**
丷 宀 宀 宀 宀 宇 害 害 害 害 害 害 害 憲 憲 憲

법 **헌**
획수:16획
부수:心

憲 憲 憲 | 憲 憲 憲

**源**
丶 丶 氵 汀 沂 沥 沥 沥 沥 源 源 源 源

근원 **원**
획수:13획
부수:水

源 源 源 | 源 源 源

| 厳 | 己 | 呼 | 誤 |
|---|---|---|---|
| 음:ゲン, ゴン | 음:コ, キ | 음:コ | 음:ゴ |
| 훈:きびしい, おごそか | 훈:おのれ | 훈:よぶ | 훈:あやまる |
| 厳格(ゲンカク 엄격)<br>荘厳(ソウゴン 장엄)<br>厳しい(きびしい 엄하다, 엄격하다)<br>厳か(おごそか 엄숙함) | 自己(ジコ 자기)<br>知己(チキ 지기)<br>己(おのれ 자기) | 呼吸(コキュウ 호흡)<br>呼ぶ(よぶ 부르다) | 誤解(ゴカイ 오해)<br>誤る(あやまる 잘못하다) |

**厳**
엄할 엄
획수:17획
부수:ツ

丶 丶 ソ ヅ 产 产 产 产 产 产 产 岸 岸 岸 岸 厳　　嚴

厳 厳 厳 厳 厳 厳

**己**
몸 기
획수:3획
부수:己

フ コ 己

己 己 己 己 己 己

**呼**
부를 호
획수:8획
부수:口

丨 丨 口 口 吖 吖 呼 呼

呼 呼 呼 呼 呼 呼

**誤**
그르칠 오
획수:14획
부수:言

一 二 三 言 言 言 言 訂 訳 訳 誤 誤 誤 誤　　誤

誤 誤 誤 誤 誤 誤

| 后 | 孝 | 皇 | 紅 |
|---|---|---|---|
| 음:コウ, ゴウ | 음:コウ | 음:コウ, オウ, ノウ | 음:コウ, ク |
| 훈: | 훈: | 훈: | 훈:べに, くれない |
| 后妃(コウヒ 왕비)<br>皇后(コウゴウ 황후) | 孝行(コウコウ 효행) | 皇族(コウゾク 황족)<br>法皇(ホウオウ 법황)<br>天皇(テンノウ 천황) | 紅茶(コウチャ 홍차)<br>深紅(シンク 진홍색)<br>口紅(くちべに 립스틱)<br>紅(くれない 다홍) |

| | |
|---|---|
| 后<br><br>왕후 **후**<br>획수:6획<br>부수:口 | 一 厂 斤 斤 后 后 |

后 后 后 | 后 后 后 | | |

| | |
|---|---|
| 孝<br><br>효도 **효**<br>획수:7획<br>부수:子 | 一 十 土 耂 考 孝 孝 |

孝 孝 孝 | 孝 孝 孝 | | |

| | |
|---|---|
| 皇<br><br>황제 **황**<br>획수:9획<br>부수:白 | ′ ⱼ ⼥ 白 白 皇 皇 皇 皇 |

皇 皇 皇 | 皇 皇 皇 | | |

| | |
|---|---|
| 紅<br><br>붉을 **홍**<br>획수:9획<br>부수:糸 | ⼂ ⼂ 幺 幺 糸 糸 糸 紅 紅 |

紅 紅 紅 | 紅 紅 紅 | | |

| 降 | 鋼 | 刻 | |
|---|---|---|---|
| 음:コウ | 음:コウ | 음:コク | |
| 훈:おりる, おろす, ふる | 훈:はがね | 훈:きざむ | |
| 降水量(コウスイリョウ 강수량)<br>降りる(おりる 내려 오다)<br>降ろす(おろす 내리다)<br>降る(ふる 내리다, 오다) | 製鋼(セイコウ 제강)<br>鋼(はがね 강철) | 深刻(シンコク 심각)<br>刻む(きざむ 잘게 썰다) | |

| 降<br><br>내릴 **강**,<br>항복할 **항**<br>획수:10획<br>부수:阝 | ⁊ 了 阝 阝 阡 阼 阼 降 降 | | 降 | 降 | 降 | | | |
|---|---|---|---|---|---|---|---|---|
| | 降 | 降 | 降 | 降 | 降 | 降 | | |

| 鋼<br><br>강철 **강**<br>획수:16획<br>부수:金 | ノ ト へ 午 午 年 金 金 釘 釘 釘 釘 鋼 鋼 鋼 鋼 | | 鋼 | 鋼 | 鋼 | | | |
|---|---|---|---|---|---|---|---|---|
| | 鋼 | 鋼 | 鋼 | 鋼 | 鋼 | 鋼 | | |

| 刻<br><br>새길 **각**<br>획수:8획<br>부수:刀 | ⹁ 亠 テ 亥 亥 亥 刻 刻 | | 刻 | 刻 | 刻 | | | |
|---|---|---|---|---|---|---|---|---|
| | 刻 | 刻 | 刻 | 刻 | 刻 | 刻 | | |

1. 人絹 _____

2. 権利 _____

3. 憲法 _____

4. 源 _____

5. 荘厳 _____

6. 自己 _____

7. 呼吸 _____

8. 誤解 _____

9. 后妃 _____

10. 孝行 _____

11. 皇族 _____

12. 紅茶 _____

13. 降水量 _____

14. 製鋼 _____

15. 刻む _____

# Clip 02
# 초등학교 6학년 교육한자

**학습내용**

▍ 초등학교 6학년 교육한자 15자의 音, 訓 학습
▍ 해당한자와 관련된 단어학습과 쓰기연습

穀 骨 困 砂 座 済 裁 策 冊 蚕 至 私 姿 視 詞

**학습목표**

▍ 초등학교 6학년 교육한자 15자의 音, 訓을 학습하여 이해할 수 있다.
▍ 해당한자와 관련된 단어학습과 쓰기연습을 통해 일본에서의 실생활에 활용할 수 있다.

| 穀 | 骨 | 困 | 砂 |
|---|---|---|---|
| 음:コク | 음:コツ, コッ | 음:コン | 음:サ, シャ |
| 훈: | 훈:ほね | 훈:こまる | 훈:すな |
| 穀物(コクモツ 곡물) | 筋骨(キンコツ 근골)<br>骨格(コッカク 골격)<br>骨(ほね 뼈) | 困難(コンナン 곤란)<br>困る(こまる 곤란하다) | 砂金(サキン 사금)<br>土砂(ドシャ 토사)<br>砂(すな 모래) |

**穀** 곡식 **곡**
획수:14획
부수:禾

一 十 吉 声 声 吉 吉 幸 幸 素 素 穀 穀 穀　　穀

**骨** 뼈 **골**
획수:10획
부수:骨
(제부수)

丨 冂 冎 冎 冎 骨 骨 骨 骨

**困** 곤란할 **곤**
획수:7획
부수:口

丨 冂 冂 用 困 困 困

**砂** 모래 **사**
획수:9획
부수:石

一 厂 丆 石 石 砏 砂 砂 砂

| 座 | 済 | 裁 | 策 |
|---|---|---|---|
| 음:ザ | 음:サイ | 음:サイ | 음:サク |
| 훈:すわる | 훈:すむ, すます | 훈:たつ, さばく | 훈: |
| 座高(ザコウ 앉은 키)<br>座る(すわる 앉다) | 救済(キュウサイ 구제)<br>済む(すむ 끝나다, 해결되다)<br>済ます(すます 끝내다, 마치다) | 裁判(サイバン 재판)<br>裁つ(たつ 마르다, 재단하다)<br>裁く(さばく 심판하다) | 策略(サクリャク 책략) |

**座**
자리 **좌**
획수:10획
부수:广

丶 亠 广 广 庐 庐 庶 座 座 座

座 座 座 座 座 座

**済**
구제할 **제**
획수:11획
부수:水

丶 丶 氵 氵 浐 浐 浐 浐 済 済 済　　　　　　　　　　　濟

済 済 済 済 済 済

**裁**
재단할 **재**
획수:12획
부수:衣

一 十 土 キ 圭 圭 圭 圭 表 裁 裁 裁

裁 裁 裁 裁 裁 裁

**策**
꾀 **책**
획수:12획
부수:竹

丿 广 广 广 竻 筲 筲 竿 笁 笧 笧 策

策 策 策 策 策 策

| 冊 | 蚕 | 至 | 私 |
|---|---|---|---|
| 음:サツ, サク | 음:サン | 음:シ | 음:シ |
| 훈: | 훈:かいこ | 훈:いたる | 훈:わたくし |
| 別冊(ベッサツ 별책)<br>短冊(タンザク 글씨를 쓰거나<br>표시로 물건에 붙이는 종이) | 蚕食(サンショク 잠식)<br>蚕(かいこ 누에) | 夏至(ゲシ 하지)<br>至る(いたる 다다르다) | 私服(シフク 사복)<br>私(わたくし 저) |

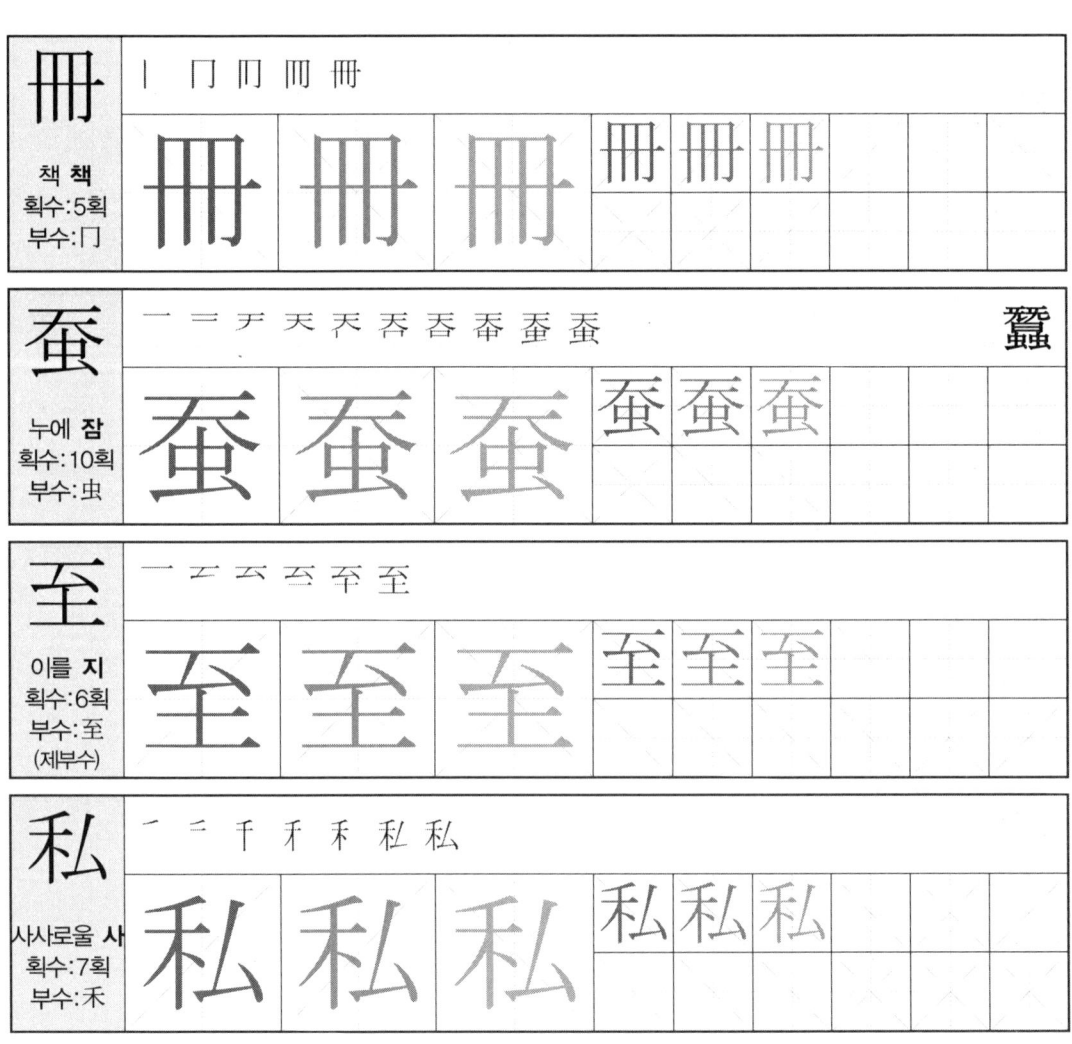

| 冊 | 丨 冂 冂 冊 冊 |
|---|---|
| **책 책**<br>획수:5획<br>부수:冂 | 冊 冊 冊 冊 冊 冊 |

| 蚕 | 一 二 テ 天 天 吞 吞 蚕 蚕 蚕　　蠶 |
|---|---|
| **누에 잠**<br>획수:10획<br>부수:虫 | 蚕 蚕 蚕 蚕 蚕 蚕 |

| 至 | 一 工 云 云 至 至 |
|---|---|
| **이를 지**<br>획수:6획<br>부수:至<br>(제부수) | 至 至 至 至 至 至 |

| 私 | 一 二 千 千 禾 私 私 |
|---|---|
| **사사로울 사**<br>획수:7획<br>부수:禾 | 私 私 私 私 私 私 |

| 姿 | 視 | 詞 | |
|---|---|---|---|
| 음:シ | 음:シ | 음:シ | |
| 훈:すがた | 훈: | 훈: | |
| 姿勢(シセイ 자세)<br>姿(すがた 모양, 모습) | 視力(シリョク 시력) | 歌詞(カシ 가사) | |

| 姿<br><br>모습 자<br>획수:9획<br>부수:女 | 一 ニ ジ ゙ 次 次 姿 姿 | | | 姿 姿 姿 | | | |
|---|---|---|---|---|---|---|---|
| | 姿 | 姿 | 姿 | | | | |

| 視<br><br>볼 시<br>획수:11획<br>부수:見 | ` ゛ 礻 礻 礻 初 初 初 初 視 視 視 | | | 視 視 視 | | 視 | |
|---|---|---|---|---|---|---|---|
| | 視 | 視 | 視 | | | | |

| 詞<br><br>말 사<br>획수:12획<br>부수:言 | 一 二 三 言 言 言 言 訂 訶 詞 詞 詞 | | | 詞 詞 詞 | | | |
|---|---|---|---|---|---|---|---|
| | 詞 | 詞 | 詞 | | | | |

| | | | | | | | |
|---|---|---|---|---|---|---|---|
| | | | | | | | |

1. 穀物 _____

2. 骨 _____

3. 困難 _____

4. 土砂 _____

5. 座高 _____

6. 救済 _____

7. 裁く _____

8. 策略 _____

9. 別冊 _____

10. 蚕食 _____

11. 夏至 _____

12. 私服 _____

13. 姿 _____

14. 視力 _____

15. 歌詞 _____

# Clip 03
# 초등학교 6학년 교육한자

▌초등학교 6학년 교육한자 15자의 音, 訓 학습

▌해당한자와 관련된 단어학습과 쓰기연습

誌 磁 射 捨 尺 若 樹 收 宗 就 衆 從 縦 縮 熟

▌초등학교 6학년 교육한자 15자의 音, 訓을 학습하여 이해할 수 있다.

▌해당한자와 관련된 단어학습과 쓰기연습을 통해 일본에서의 실생활에 활용할 수 있다.

| 誌 | 磁 | 射 | 捨 |
|---|---|---|---|
| 음:シ | 음:ジ | 음:シャ | 음:シャ |
| 훈: | 훈: | 훈:いる | 훈:すてる |
| 雜誌(ザッシ 잡지) | 磁石(ジシャク 자석) | 注射(チュウシャ 주사)<br>射る(いる 쏘다) | 取捨(シュシャ 취사)<br>捨てる(すてる 버리다) |

**誌**
기록할 지
획수:14획
부수:言

一 二 三 言 言 言 計 計 誌 誌 誌 誌 誌

誌 誌 誌 誌 誌 誌

**磁**
자석 자
획수:14획
부수:石

一 ナ 石 石 石 矿 矿 矿 磁 磁 磁 磁 磁

磁 磁 磁 磁 磁 磁

**射**
쏠 사
획수:10획
부수:寸

丶 亻 勺 钌 自 身 身 身 射 射

射 射 射 射 射 射

**捨**
버릴 사
획수:11획
부수:手

一 亅 扌 扩 扩 护 拧 捨 捨 捨 捨

捨

捨 捨 捨 捨 捨 捨

| 尺 | 若 | 樹 | 収 |
|---|---|---|---|
| 음:シャク | 음:ジャク | 음:ジュ | 음:シュウ |
| 훈: | 훈:わかい, もしくは | 훈: | 훈:おさめる, おさまる |
| 尺度(シャクド 척도) | 老若(ロウジャク 늙은이와 젊은이)<br>若い(わかい 젊다)<br>若しくは(もしくは 혹은, 또는) | 樹木(ジュモク 수목) | 回収(カイシュウ 회수)<br>収める(おさめる 넣다, 납부하다)<br>収まる(おさまる 수습되다, 걷히다) |

## 尺
자 척
획수:4획
부수:尸

フ　コ　尸　尺

尺　尺　尺　尺　尺　尺

## 若
만약 약
획수:8획
부수:艹

一　十　艹　艾　芋　若　若　若

若　若　若　若　若　若

## 樹
나무 수
획수:16획
부수:木

一　十　十　木　栌　栂　桔　桔　桔　桔　桔　桔　桔　樹　樹

樹　樹　樹　樹　樹　樹

## 収
거둘 수
획수:4획
부수:又

丨　丩　収　収

収

収　収　収　収　収　収

| 宗 | 就 | 衆 | 従 |
|---|---|---|---|
| 음:シュウ, ソウ | 음:シュウ, ジュ | 음:シュウ, シュ | 음:ジュウ, ショウ, ジュ |
| 훈: | 훈:つく | 훈: | 훈:したがう, したがえる |
| 宗教(シュウキョウ 종교)<br>宗家(ソウケ 종가) | 就学(シュウガク 취학)<br>成就(ジョウジュ 성취)<br>就く(つく 취임하다) | 観衆(カンシュウ 관중)<br>衆生(シュジョウ 중생) | 従来(ジュウライ 종래)<br>従容(ショウヨウ 태연하고 침착한 모양)<br>従(ジュ (접두어)종〜)<br>従う(したがう 따라가다, 뒤따르다)<br>従える(したがえる 거느리다) |

| 宗<br><br>종가 **종**<br>획수:8획<br>부수:宀 | 丶 丷 宀 宀 宀 宇 宇 宗 宗 |
|---|---|

宗 宗 宗 宗 宗 宗

| 就<br><br>이룰 **취**<br>획수:12획<br>부수:尢 | 丶 亠 亠 亠 亠 亨 京 京 京 尤 就 就 |
|---|---|

就 就 就 就 就 就

| 衆<br><br>무리 **중**<br>획수:12획<br>부수:血 | 丶 丷 宀 宀 血 血 衆 衆 衆 衆 衆 衆 |
|---|---|

衆 衆 衆 衆 衆 衆

| 従<br><br>따를 **종**<br>획수:10획<br>부수:彳 | 丿 勹 彳 彳 彳 彳 彳 従 従 従　　　　　　従 |
|---|---|

従 従 従 従 従 従

| 縦 | 縮 | 熟 | |
|---|---|---|---|
| 음:ジュウ | 음:シュク | 음:ジュク | |
| 훈:たて | 훈:ちぢむ, ちぢまる, ちぢめる, ちぢれる | 훈:うれる | |
| 操縦(ソウジュウ 조종)<br>縦(たて 세로) | 縮小(シュクショウ 축소)<br>縮む(ちぢむ 오그라들다)<br>縮まる(ちぢまる 오그라들다)<br>縮める(ちぢめる 줄이다, 단축하다)<br>縮れる(ちぢれる 주름이 지다) | 成熟(セイジュク 성숙)<br>熟れる(うれる 익다) | |

| 縦<br><br>세로 **종**<br>획수:16획<br>부수:糸 | く ㄠ ㄠ ㄠ 幺 糸 糸 糸 糹 紛 紛 紛 絆 絆 絆 縦 | 縦 |
|---|---|---|
| | 縦　縦　縦　｜縦｜縦｜縦 | |

| 縮<br><br>줄어들 **축**<br>획수:17획<br>부수:糸 | く ㄠ ㄠ ㄠ 幺 糸 糸 糹 紛 紛 紛 紓 縮 縮 縮 縮 | |
|---|---|---|
| | 縮　縮　縮　｜縮｜縮｜縮 | |

| 熟<br><br>익을 **숙**<br>획수:15획<br>부수:火 | ' ㅗ 广 亡 古 宫 享 享 郭 孰 孰 孰 熟 熟 | |
|---|---|---|
| | 熟　熟　熟　｜熟｜熟｜熟 | |

1. 雑誌 _____

2. 磁石 _____

3. 射る _____

4. 取捨 _____

5. 尺度 _____

6. 若い _____

7. 樹木 _____

8. 回収 _____

9. 宗家 _____

10. 就学 _____

11. 観衆 _____

12. 従来 _____

13. 縦 _____

14. 縮小 _____

15. 熟れる _____

# Clip 04
## 초등학교 6학년 교육한자

**학습내용**

▋ 초등학교 6학년 교육한자 15자의 音, 訓 학습
▋ 해당한자와 관련된 단어학습과 쓰기연습

純 処 署 諸 除 将 傷 障 城 蒸 針 仁 垂 推 寸

**학습목표**

▋ 초등학교 6학년 교육한자 15자의 音, 訓을 학습하여 이해할 수 있다.
▋ 해당한자와 관련된 단어학습과 쓰기연습을 통해 일본에서의 실생활에 활용할 수 있다.

| 純 | 処 | 署 | 諸 |
|---|---|---|---|
| 음:ジュン | 음:ショ | 음:ショ | 음:ショ |
| 훈: | 훈: | 훈: | 훈: |
| 純金(ジュンキン 순금) | 処理(ショリ 처리) | 部署(ブショ 부서) | 諸君(ショクン 제군) |

| 純 순수할 순 획수:10획 부수:糸 | ` ㄴ ㄴ ㅂ ㅂ ㅂ 糸 紅 紅 紃 純 |
|---|---|
| | 純 純 純 純 純 純 |

| 処 곳 처 획수:5획 부수:几 | ノ ク 夂 処 処　　　　　　　　　　　處 |
|---|---|
| | 処 処 処 処 処 処 |

| 署 관청 서 획수:13획 부수:罒 | ｌ ㄱ ㄲ ㄲㄲ 罒 罒 罒 署 罘 署 署 署　　　　署 |
|---|---|
| | 署 署 署 署 署 署 |

| 諸 여러 제 획수:15획 부수:言 | 一 一 三 三 言 言 言 言 計 計 計 諸 諸 諸 諸　　諸 |
|---|---|
| | 諸 諸 諸 諸 諸 諸 |

| 除 | 将 | 傷 | 障 |
|---|---|---|---|
| 음:ジョ, ジ | 음:ショウ | 음:ショウ | 음:ショウ |
| 훈:のぞく | 훈: | 훈:きず, いたむ, いためる | 훈:さわる |
| 除名(ジョメイ 제명)<br>掃除(ソウジ 청소)<br>除く(のぞく 제거하다) | 将棋(ショウギ 장기) | 傷害(ショウガイ 상해)<br>傷(きず 상처)<br>傷む(いたむ 고통스럽다)<br>傷める(いためる 고통을 주다) | 故障(コショウ 고장)<br>障る(さわる 지장이 있다) |

**除**
제거할 제
획수:10획
부수:阝

丁 了 阝 阝 阫 阶 除 除 除 除

除 除 除 除除除

**将**
장수 장
획수:10획
부수:寸

丨 丬 丬 丬 扩 抒 抒 抨 将 将　　　　　　　　将

将 将 将 将将将

**傷**
상할 상
획수:13획
부수:人

丿 亻 亻 伫 作 作 佇 侮 侮 傴 傷 傷 傷

傷 傷 傷 傷傷傷

**障**
막을 장
획수:14획
부수:阝

丁 了 阝 阝 阶 陊 陪 陪 陪 障 障 障 障 障

障 障 障 障障障

| 城 | 蒸 | 針 | 仁 |
|---|---|---|---|
| 음:ジョウ | 음:ジョウ | 음:シン | 음:ジン, ニ |
| 훈:しろ | 훈:むす, むれる, むらす | 훈:はり | 훈: |
| 城内(ジョウナイ 성내)<br>城(しろ 성) | 蒸気(ジョウキ 증기)<br>蒸す(むす 찌다)<br>蒸れる(むれる 뜸 들다)<br>蒸らす(むらす 뜸 들이다) | 秒針(ビョウシン 초침)<br>針(はり 바늘, 침) | 仁愛(ジンアイ 인애)<br>仁王(ニオウ 인왕) |

**城**
성 성
획수:9획
부수:土

一 十 土 圹 圹 圹 坊 城 城 城

城 城 城 城 城 城

**蒸**
찔 증
획수:13획
부수:艸

一 十 十 艹 艹 芽 芽 芽 茶 茏 荥 蒸 蒸 蒸

蒸 蒸 蒸 蒸 蒸 蒸

**針**
바늘 침
획수:10획
부수:金

ノ ト ト 仐 仐 牟 金 金 金 針

針 針 針 針 針 針

**仁**
어질 인
획수:4획
부수:人

ノ イ 仁 仁

仁 仁 仁 仁 仁 仁

| 垂 | 推 | 寸 | |
|---|---|---|---|
| 음:スイ | 음:スイ | 음:スン | |
| 훈:たれる, たらす | 훈:おす | 훈: | |
| 垂直(スイチョク 수직)<br>垂れる(たれる 늘어지다, 처지다)<br>垂らす(たらす 늘어뜨리다, 드리우다) | 推移(スイイ 추이)<br>推す(おす 추천하다) | 寸法(スンポウ 길이, 치수) | |

| | |
|---|---|
| 垂<br>드리울 수<br>획수:8획<br>부수:土 | 一 二 三 チ チ 乔 垂 垂<br>垂 垂 垂 垂 垂 垂 |

| | |
|---|---|
| 推<br>밀 추<br>획수:11획<br>부수:手 | 一 十 扌 扩 扩 扩 扩 拃 拃 推 推<br>推 推 推 推 推 推 |

| | |
|---|---|
| 寸<br>마디 촌<br>획수:3획<br>부수:寸 | 一 寸 寸<br>寸 寸 寸 寸 寸 寸 |

| | | | | | |
|---|---|---|---|---|---|
| | | | | | |
| | | | | | |

1. 純金 _____
2. 処理 _____
3. 部署 _____
4. 諸君 _____
5. 掃除 _____
6. 将棋 _____
7. 傷害 _____
8. 障る _____
9. 城内 _____
10. 蒸す _____
11. 秒針 _____
12. 仁愛 _____
13. 垂直 _____
14. 推移 _____
15. 寸法 _____

# Clip 05
## 초등학교 6학년 교육한자

**학습내용**

▌초등학교 6학년 교육한자 13자의 音, 訓 학습

▌해당한자와 관련된 단어학습과 쓰기연습

盛 聖 誠 宣 專 泉 洗 染 善 奏 窓 創 裝

**학습목표**

▌초등학교 6학년 교육한자 13자의 音, 訓을 학습하여 이해할 수 있다.

▌해당한자와 관련된 단어학습과 쓰기연습을 통해 일본에서의 실생활에 활용할 수 있다.

| 盛 | 聖 | 誠 | 宣 |
|---|---|---|---|
| 음:セイ, ジョウ | 음:セイ | 음:セイ | 음:セン |
| 훈:もる, さかる, さかん | 훈: | 훈:まこと | 훈: |
| 盛大(セイダイ 성대)<br>繁盛(ハンジョウ 번성)<br>盛る(もる 수북이 담다)<br>盛る(さかる 기세가 좋아지다)<br>盛ん(さかん 기세가 좋음) | 聖書(セイショ 성서) | 誠実(セイジツ 성실)<br>誠(まこと 참으로, 정말로) | 宣言(センゲン 선언) |

**盛** 성할 **성**
획수:11획
부수:皿

丿 厂 厂 厇 成 成 成 成 盛 盛 盛

盛 盛 盛 | 盛 盛 盛

**聖** 성인 **성**
획수:13획
부수:耳

一 一 T F E 耳 耶 耴 耵 取 聖 聖 聖

聖 聖 聖 | 聖 聖 聖

**誠** 정성 **성**
획수:13획
부수:言

一 一 亠 言 言 言 言 訁 訂 訐 訬 誠 誠

誠 誠 誠 | 誠 誠 誠

**宣** 펼 **선**
획수:9획
부수:宀

丶 丷 宀 宁 宁 宫 盲 盲 宣

宣 宣 宣 | 宣 宣 宣

| 専 | 泉 | 洗 | 染 |
|---|---|---|---|
| 음:セン | 음:セン | 음:セン | 음:セン |
| 훈:もっぱら | 훈:いずみ | 훈:あらう | 훈:そめる, そまる, しみる, しみ |
| 専念(センネン 전념)<br>専ら(もっぱら 오로지, 한결같이) | 温泉(オンセン 온천)<br>泉(いずみ 샘, 샘물) | 洗顔(センガン 세안)<br>洗う(あらう 씻다) | 染料(センリョウ 염료)<br>染める(そめる 물들이다)<br>染まる(そまる 물들다)<br>染みる(しみる 배다, 스미다)<br>染み(しみ 얼룩, 기미) |

**専** 一 厂 FF 戸 戸 亘 車 車 専 専　　専

오로지 전
획수:9획
부수:寸

専 専 専 専 専 専

**泉** ' 亇 白 白 白 宇 身 身 泉

샘 천
획수:9획
부수:水

泉 泉 泉 泉 泉 泉

**洗** ` ` 氵 氵 汀 汫 泙 浃 洗

씻을 세
획수:9획
부수:水

洗 洗 洗 洗 洗 洗

**染** ` ` 氵 氿 氿 汏 染 染 染

물들일 염
획수:9획
부수:木

染 染 染 染 染 染

| 善 | 奏 | 窓 | 創 |
|---|---|---|---|
| 음:ゼン | 음:ソウ | 음:ソウ | 음:ソウ |
| 훈:よい | 훈:かなでる | 훈:まど | 훈: |
| 改善(カイゼン 개선)<br>善い(よい 좋다) | 前奏(ゼンソウ 전주)<br>奏でる(かなでる 연주하다) | 車窓(シャソウ 차창)<br>窓(まど 창) | 創作(ソウサク 창작) |

| 善 | 丶 ヽ 羊 羊 羊 羊 羊 善 善 善 善 |
|---|---|
| 착할 **선**<br>획수:12획<br>부수:口 | 善 善 善 善 善 善 |

| 奏 | 一 二 三 手 夫 表 表 奏 奏 |
|---|---|
| 아뢸 **주**<br>획수:9획<br>부수:大 | 奏 奏 奏 奏 奏 奏 |

| 窓 | 丶 ハ 宀 宀 灾 灾 灾 突 窓 窓 窓 |
|---|---|
| 창문 **창**<br>획수:11획<br>부수:穴 | 窓 窓 窓 窓 窓 窓 |

| 創 | ノ ハ 今 今 今 拿 拿 拿 倉 倉 倉 創 創 |
|---|---|
| 비롯할 **창**<br>획수:12획<br>부수:刀 | 創 創 創 創 創 創 |

| 装 | | | |
|---|---|---|---|
| 음:ソウ, ショウ | | | |
| 훈:よそおう | | | |
| 装置(ソウチ 장치)<br>衣装(イショウ 의상)<br>装う(よそおう 치장하다, 가장하다) | | | |

| 装<br><br>꾸밀 **장**<br>획수:12획<br>부수:衣 | 丶 ㇠ ㇏ ㇗ 一 壮 壮 壮 装 装 装 装 | | | 装 |
|---|---|---|---|---|

装 装 装 装 装 装

1.  繁盛 _____

2.  聖書 _____

3.  誠実 _____

4.  宣言 _____

5.  専念 _____

6.  泉 _____

7.  洗う _____

8.  染料 _____

9.  改善 _____

10.  奏でる _____

11.  車窓 _____

12.  創作 _____

13.  衣装 _____

# Clip 01
# 초등학교 6학년 교육한자

**학습내용**

▌ 초등학교 6학년 교육한자 15자의 음, 訓 학습
▌ 해당한자와 관련된 단어학습과 쓰기연습

層 操 藏 臟 存 尊 宅 担 探 誕 段 暖 値 宙 忠

**학습목표**

▌ 초등학교 6학년 교육한자 15자의 음, 訓을 학습하여 이해할 수 있다.
▌ 해당한자와 관련된 단어학습과 쓰기연습을 통해 일본에서의 실생활에 활용할 수 있다.

| 層 | 操 | 蔵 | 臓 |
|---|---|---|---|
| 음:ソウ | 음:ソウ | 음:ゾウ | 음:ゾウ |
| 훈: | 훈:あやつる, みさお | 훈:くら | 훈: |
| 断層(ダンソウ 단층) | 体操(タイソウ 체조)<br>操る(あやつる 다루다, 조정하다)<br>操(みさお 지조, 정조) | 蔵書(ゾウショ 장서)<br>蔵(くら 곳간) | 心臓(シンゾウ 심장) |

**層**
층 **층**
획수:14획
부수:尸

丿 厂 尸 尸 尸 尸 尸 屏 屏 屬 屛 層 層 層　　層

層 層 層 | 層 層 層

**操**
다룰 **조**
획수:16획
부수:手

一 十 扌 扩 护 护 护 押 押 操 操 操 撮 撮 操 操

操 操 操 | 操 操 操

**蔵**
곳간 **장**
획수:15획
부수:艹

丷 丷 芦 芦 芦 芦 芦 菡 菡 菡 蔵 蔵 蔵　　蔵

蔵 蔵 蔵 | 蔵 蔵 蔵

**臓**
장기 **장**
획수:19획
부수:月

丿 刀 月 月 月' 月" 胪 胪 胪 胪 胪 胪 胪 胪 腅 臓 臓 臓　臓

臓 臓 臓 | 臓 臓 臓

| 存 | 尊 | 宅 | 担 |
|---|---|---|---|
| 음:ソン, ゾン | 음:ソン | 음:タク | 음:タン |
| 훈: | 훈:たっとい, とうとい, たっとぶ, とうとぶ | 훈: | 훈:かつぐ, になう |
| 存在(ソンザイ 존재)<br>生存(セイゾン 생존) | 尊敬(ソンケイ 존경)<br>尊い(たっとい 고귀하다)<br>尊い(とうとい 고귀하다)<br>尊ぶ(たっとぶ 숭상하다, 공경하다)<br>尊ぶ(とうとぶ 숭상하다, 공경하다) | 宅配(タクハイ 택배) | 担保(タンポ 담보)<br>担ぐ(かつぐ 지다, 메다)<br>担う(になう 담당하다) |

---

**存**
있을 존
획수:6획
부수:子

一 ナ イ 疒 存 存

存 存 存　存 存 存

---

**尊**
높을 존
획수:12획
부수:寸

丶 丷 艹 产 芮 芮 芮 酋 酋 酋 尊 尊　　　　尊

尊 尊 尊　尊 尊 尊

---

**宅**
집 택
획수:6획
부수:宀

丶 宀 宀 宆 宅 宅

宅 宅 宅　宅 宅 宅

---

**担**
멜 담
획수:8획
부수:手

一 十 扌 扣 扣 扣 担 担　　　　擔

担 担 担　担 担 担

| 探 | 誕 | 段 | 暖 |
|---|---|---|---|
| 음:タン | 음:タン | 음:ダン | 음:ダン |
| 훈:さがす, さぐる | 훈: | 훈: | 훈:あたたか, あたたかい, あたたまる, あたためる |
| 探知機(タンチキ 탐지기)<br>探す(さがす 찾다)<br>探る(さぐる 더듬다, 찾다) | 誕生(タンジョウ 탄생) | 段落(ダンラク 단락) | 暖冬(ダントウ 춥지 않은 겨울)<br>暖か(あたたか 따뜻함), 暖かい<br>(あたたかい 따뜻하다, 포근하다),<br>暖まる(あたたまる  따뜻해지다,<br>훈훈해지다),  暖める(あたためる<br>る 따뜻하게 하다) |

| 探<br><br>찾을 **탐**<br>획수:11획<br>부수:手 | 一 十 扌 扌 扩 扩 抨 抨 捽 探 探 |
|---|---|
| | 探 探 探 探 探 探 |

| 誕<br><br>태어날 **탄**<br>획수:15획<br>부수:言 | 一 言 言 言 言 言 診 診 訂 訂 託 誕 誕 誕 誕 |
|---|---|
| | 誕 誕 誕 誕 誕 誕 |

| 段<br><br>차례 **단**<br>획수:9획<br>부수:殳 | 一 丨 丨 丨 丨 丨 段 段 段 |
|---|---|
| | 段 段 段 段 段 段 |

| 暖<br><br>따뜻할 **난**<br>획수:13획<br>부수:日 | 丨 丨 丨 丨 丨 旷 旷 旷 旷 旷 暖 暖 暖 |
|---|---|
| | 暖 暖 暖 暖 暖 暖 |

| 値 | 宙 | 忠 | |
|---|---|---|---|
| 음:チ | 음:チュウ | 음:チュウ | |
| 훈:ね, あたい | 훈: | 훈: | |
| 数値(スウチ 수치)<br>値段(ねだん 가격 )<br>値(あたい 값, 값어치) | 宇宙船(ウチュウセン 우주선) | 忠告(チュウコク 충고) | |

| 値<br><br>값 **치**<br>획수:10획<br>부수:人 | ノ イ イ 仁 仃 佔 佔 値 値 値 |
|---|---|
| | 値 値 値　値 値 値 |

| 宙<br><br>집 **주**<br>획수:8획<br>부수:宀 | ' '' 宀 宀 宀 宙 宙 宙 |
|---|---|
| | 宙 宙 宙　宙 宙 宙 |

| 忠<br><br>충성 **충**<br>획수:8획<br>부수:心 | l 口 口 中 忠 忠 忠 忠 |
|---|---|
| | 忠 忠 忠　忠 忠 忠 |

| | |
|---|---|
| | |

1. 断層 _____

2. 操る _____

3. 蔵書 _____

4. 心臓 _____

5. 生存 _____

6. 尊敬 _____

7. 宅配 _____

8. 担保 _____

9. 探知機 _____

10. 誕生 _____

11. 段落 _____

12. 暖冬 _____

13. 数値 _____

14. 宇宙 _____

15. 忠告 _____

# Clip 02
# 초등학교 6학년 교육한자

**학습내용**

▌ 초등학교 6학년 교육한자 15자의 音, 訓 학습
▌ 해당한자와 관련된 단어학습과 쓰기연습

著 庁 頂 潮 賃 痛 展 討 党 糖 届 難 乳 認 納

**학습목표**

▌ 초등학교 6학년 교육한자 15자의 音, 訓을 학습하여 이해할 수 있다.
▌ 해당한자와 관련된 단어학습과 쓰기연습을 통해 일본에서의 실생활에 활용할 수 있다.

| 著 | 庁 | 頂 | 潮 |
|---|---|---|---|
| 음:チョ | 음:チョウ | 음:チョウ | 음:チョウ |
| 훈:あらわす | 훈: | 훈:いただく, いただき | 훈:しお |
| 著名(チョメイ 저명)<br>著す(あらわす 쓰다, 저술하다) | 気象庁(キショウチョウ 기상청) | 頂上(チョウジョウ 정상)<br>頂く(いただく 이다, 모시다)<br>頂き(いただき 꼭대기, 정상) | 潮流(チョウリュウ 조류)<br>潮(しお 바닷물, 조수) |

**著**
글자을 저
획수:11획
부수:艸

一 十 艹 艹 芏 芏 芧 苧 著 著 著　　著

著 著 著 著 著 著

**庁**
관청 **청**
획수:5획
부수:广

丶 亠 广 户 庁　　廳

庁 庁 庁 庁 庁 庁

**頂**
정수리 **정**
획수:11획
부수:頁

一 丁 厂 厂 厂 疒 頂 頂 頂 頂 頂

頂 頂 頂 頂 頂 頂

**潮**
조수 **조**
획수:15획
부수:水

丶 丶 氵 氵 汁 汁 油 油 油 渲 淖 潮 潮 潮 潮

潮 潮 潮 潮 潮 潮

| 賃 | 痛 | 展 | 討 |
|---|---|---|---|
| 음:チン | 음:ツウ | 음:テン | 음:トウ |
| 훈: | 훈:いたい, いたむ, いためる | 훈: | 훈:うつ |
| 賃金(チンギン 임금, 보수) | 痛感(ツウカン 통감)<br>痛い(いたい 아프다)<br>痛む(いたむ 아프다)<br>痛める(いためる 아프게 하다) | 発展(ハッテン 발전) | 検討(ケントウ 검토)<br>討つ(うつ 치다) |

**賃**
빌릴 **임**
획수:13획
부수:貝

ノ イ イ 仁 仟 仟 仟 侱 侱 侱 眘 賃 賃

賃 賃 賃 賃 賃 賃

**痛**
아플 **통**
획수:12획
부수:疒

丶 一 广 广 扩 疒 疒 疒 痏 痛 痛 痛

痛 痛 痛 痛 痛 痛

**展**
펼 **전**
획수:10획
부수:尸

一 コ 尸 尸 尸 屈 屏 展 展 展

展 展 展 展 展 展

**討**
칠 **토**
획수:10획
부수:言

丶 一 言 言 言 言 言 言 討 討

討 討 討 討 討 討

| 党 | 糖 | 届 | 難 |
|---|---|---|---|
| 음:トウ | 음:トウ | 음: | 음:ナン |
| 훈: | 훈: | 훈:とどける, とどく | 훈:むずかしい, かたい |
| 党首(トウシュ 당수) | 糖分(トウブン 당분) | 届ける(とどける 전하다, 신고하다)<br>届く(とどく 닿다, 이르다) | 難民(ナンミン 난민)<br>難しい(むずかしい 어렵다)<br>難い(かたい 어렵다, 힘들다) |

**党**
무리 **당**
획수:10획
부수:儿

丨 丨 ⺍ 严 严 严 当 党 党 党　　　　　　　　　　黨

党　党　党　党　党　党

**糖**
사탕 **당**
획수:16획
부수:米

丶 丷 丷 ⺤ 半 米 米 米 粐 粐 粐 粐 糖 糖 糖 糖

糖　糖　糖　糖　糖　糖

**届**
이를 **계**
획수:8획
부수:尸

フ ヲ 尸 尸 尼 届 届 届　　　　　　　　　　届

届　届　届　届　届　届

**難**
어려울 **난**
획수:18획
부수:隹

一 十 廿 廿 苩 苩 苩 莒 莫 莫 蓳 蓳 蓳 難 難 難 難　　　難

難　難　難　難　難　難

| 乳 | 認 | 納 | |
|---|---|---|---|
| 음:ニュウ | 음:ニン | 음:ノウ, ナッ, トウ, ナ, ナン | |
| 훈:ちち, ち | 훈:みとめる | 훈:おさめる, おさまる | |
| 母乳(ボニュウ 모유)<br>乳(ちち 젖, 유방)<br>乳首(ちくび 젖꼭지) | 認識(ニンシキ 인식)<br>認める(みとめる 인정하다) | 収納(シュウノウ 수납), 納得<br>(ナットク 납득), 出納(スイトウ<br>출납), 納屋(ナヤ 곳간), 納戸<br>(ナンド 가재도구를 두는 곳)<br>納める(おさめる 납부하다)<br>納まる(おさまる 납입되다) | |

| 乳<br><br>젖 유<br>획수:8획<br>부수:乚 | 一 ﾉ ﾉ ﾄ ﾅ 乎 乎 乳 <br> 乳 乳 乳 | 乳乳乳 | |

| 認<br><br>인정할 인<br>획수:14획<br>부수:言 | 一 二 ニ 三 言 言 言 訂 訒 認 認 認 認 認 <br> 認 認 認 | 認認認 | |

| 納<br><br>바칠 납<br>획수:10획<br>부수:糸 | ⺂ ⺄ ⺄ 幺 糸 糸 糽 紃 納 納 <br> 納 納 納 | 納納納 | |

1. 著名 _____

2. 気象庁 _____

3. 頂上 _____

4. 潮 _____

5. 賃金 _____

6. 痛感 _____

7. 発展 _____

8. 討つ _____

9. 党首 _____

10. 糖分 _____

11. 届ける _____

12. 難民 _____

13. 母乳 _____

14. 認識 _____

15. 収納 _____

# Clip 03
# 초등학교 6학년 교육한자

학습내용

▌ 초등학교 6학년 교육한자 15자의 音, 訓 학습
▌ 해당한자와 관련된 단어학습과 쓰기연습

脳 派 拝 背 肺 俳 班 晩 否 批 秘 腹 奮 並 陛

학습목표

▌ 초등학교 6학년 교육한자 15자의 音, 訓을 학습하여 이해할 수 있다.
▌ 해당한자와 관련된 단어학습과 쓰기연습을 통해 일본에서의 실생활에 활용할 수 있다.

| 脳 | 派 | 拝 | 背 |
|---|---|---|---|
| 음:ノウ | 음:ハ | 음:ハイ | 음:ハイ |
| 훈: | 훈: | 훈:おがむ | 훈:せい, せ, そむく, そむける |
| 脳死(ノウシ 뇌사) | 派生(ハセイ 파생) | 拝見(ハイケン 삼가 봄)<br>拝む(おがむ 합장배례하다) | 背後(ハイゴ 배후)<br>背(せい 신장, 키)<br>背中(せなか 등)<br>背く(そむく 등지다, 거역하다)<br>背ける(そむける 외면하다,<br>돌리다) |

| 脳 | ノ 刀 刀 月 月 肝 胪 脳 脳 脳 脳 | | | | | | | | 脳 |
|---|---|---|---|---|---|---|---|---|---|
| 뇌 **뇌**<br>획수:11획<br>부수:月 | 脳 | 脳 | 脳 | 脳 | 脳 | 脳 | | | |

| 派 | ` ` 氵 氵 汇 沪 沪 派 派 派 | | | | | | | | |
|---|---|---|---|---|---|---|---|---|---|
| 파벌 **파**<br>획수:9획<br>부수:水 | 派 | 派 | 派 | 派 | 派 | 派 | | | |

| 拝 | 一 十 扌 扩 扩 扞 拝 拝 | | | | | | | | |
|---|---|---|---|---|---|---|---|---|---|
| 절 **배**<br>획수:8획<br>부수:手 | 拝 | 拝 | 拝 | 拝 | 拝 | 拝 | | | |

| 背 | ` 丬 爿 北 北 背 背 背 背 | | | | | | | | |
|---|---|---|---|---|---|---|---|---|---|
| 등 **배**<br>획수:9획<br>부수:月 | 背 | 背 | 背 | 背 | 背 | 背 | | | |

| 肺 | 俳 | 班 | 晚 |
|---|---|---|---|
| 음:ハイ | 음:ハイ | 음:ハン | 음:バン |
| 훈: | 훈: | 훈: | 훈: |
| 肺(ハイ 폐) | 俳優(ハイユウ 배우) | 班長(ハンチョウ 반장) | 毎晩(マイバン 매일 밤) |

| 肺<br>허파 **폐**<br>획수:9획<br>부수:月 | ノ 刀 月 月 旷 旷 旷 肺 | 肺 肺 肺 | 肺 肺 肺 | | | |
|---|---|---|---|---|---|---|

| 俳<br>배우 **배**<br>획수:10획<br>부수:人 | ノ イ 亻 伫 佴 佴 俳 俳 俳 俳 | 俳 俳 俳 | 俳 俳 俳 | | | |
|---|---|---|---|---|---|---|

| 班<br>반 **반**<br>획수:10획<br>부수:王 | 一 二 干 王 玉 玔 班 班 班 班 | 班 班 班 | 班 班 班 | | | |
|---|---|---|---|---|---|---|

| 晚<br>늦을 **만**<br>획수:12획<br>부수:日 | 丨 冂 冃 日 日 町 畂 晚 晚 晚 晚 晚 | 晚 晚 晚 | 晚 晚 晚 | | | |
|---|---|---|---|---|---|---|

| 否 | 批 | 秘 | 腹 |
|---|---|---|---|
| 음:ヒ | 음:ヒ | 음:ヒ | 음:フク |
| 훈:いな | 훈: | 훈:ひめる | 훈:はら |
| 否定(ヒテイ 부정)<br>否(いな 불찬성, 동의하지 않음) | 批判(ヒハン 비판) | 秘密(ヒミツ 비밀)<br>秘める(ひめる 숨기다, 감추다) | 空腹(クウフク 공복)<br>腹(はら 배) |

| | | | | | | |
|---|---|---|---|---|---|---|
| **否**<br>아닐 **부**<br>획수:7획<br>부수:口 | 一 フ 不 不 否 否 | | | | | |
| | 否 | 否 | 否 | 否 | 否 | 否 |

| | | | | | | |
|---|---|---|---|---|---|---|
| **批**<br>비평할 **비**<br>획수:7획<br>부수:手 | 一 十 扌 扩 扩 批 批 | | | | | |
| | 批 | 批 | 批 | 批 | 批 | 批 |

| | | | | | | |
|---|---|---|---|---|---|---|
| **秘**<br>숨길 **비**<br>획수:10획<br>부수:禾 | 一 二 千 禾 禾 禾 秒 秘 秘 秘 | | | | | |
| | 秘 | 秘 | 秘 | 秘 | 秘 | 秘 |

| | | | | | | |
|---|---|---|---|---|---|---|
| **腹**<br>배 **복**<br>획수:13획<br>부수:月 | 丿 月 月 月 肝 肝 肝 脂 胪 腹 腹 腹 腹 | | | | | |
| | 腹 | 腹 | 腹 | 腹 | 腹 | 腹 |

| 奮 | 並 | 陛 | |
|---|---|---|---|
| 음:フン | 음:ヘイ | 음:ヘイ | |
| 훈:ふるう | 훈:なみ, ならべる, ならぶ, ならびに | 훈: | |
| 奮戦(フンセン 분전) 奮う(ふるう 분발하다) | 並行(ヘイコウ 병행) 並(なみ 보통, ~와 같은 수준) 並べる(ならべる 늘어놓다) 並ぶ(ならぶ 늘어서다) 並びに(ならびに 및, 또) | 陛下(ヘイカ 폐하) | |

| 奮 | 一 ナ 六 本 本 本 奞 奞 奞 奞 奞 舊 舊 舊 舊 | | | | | |
|---|---|---|---|---|---|---|
| 힘쓸 분 획수:16획 부수:大 | 奮 | 奮 | 奮 | 奮 | 奮 | 奮 |

| 並 | 丶 丷 屰 羊 計 計 並 並 | | | | | 竝 |
|---|---|---|---|---|---|---|
| 아우를 병 획수:8획 부수:立 | 並 | 並 | 並 | 並 | 並 | 並 |

| 陛 | 了 了 阝 阝 阹 陜 陛 陛 陛 陛 | | | | | |
|---|---|---|---|---|---|---|
| 섬돌 폐 획수:10획 부수:阝 | 陛 | 陛 | 陛 | 陛 | 陛 | 陛 |

| | | | | | | |
|---|---|---|---|---|---|---|
| | | | | | | |

1. 脳死　_____
2. 派生　_____
3. 拝見　_____
4. 背く　_____
5. 肺　_____
6. 俳優　_____
7. 班長　_____
8. 毎晩　_____
9. 否定　_____
10. 批判　_____
11. 秘密　_____
12. 空腹　_____
13. 奮う　_____
14. 並行　_____
15. 陛下　_____

# Clip 04
# 초등학교 6학년 교육한자

■ 초등학교 6학년 교육한자 15자의 音, 訓 학습

■ 해당한자와 관련된 단어학습과 쓰기연습

閉 片 補 暮 宝 訪 亡 忘 棒 枚 幕 密 盟 模 訳

■ 초등학교 6학년 교육한자 15자의 音, 訓을 학습하여 이해할 수 있다.

■ 해당한자와 관련된 단어학습과 쓰기연습을 통해 일본에서의 실생활에 활용할 수 있다.

| 閉 | 片 | 補 | 暮 |
|---|---|---|---|
| 음:ヘイ | 음:ヘン, ペン | 음:ホ | 음:ボ |
| 훈:とじる, しめる, しまる, とざす | 훈:かた | 훈:おぎなう | 훈:くれる, くらす |
| 閉校(ヘイコウ 폐교)<br>閉じる(とじる 닫히다, 닫다)<br>閉める(しめる 닫다)<br>閉まる(しまる 닫히다)<br>閉ざす(とざす 닫다, 잠그다) | 破片(ハヘン 파편)<br>断片(ダンペン 단편)<br>片道(かたみち 편도) | 補欠(ホケツ 보결)<br>補う(おぎなう 보충하다) | 歳暮(セイボ 세모)<br>暮れる(くれる 저물다)<br>暮らす(くらす 살다, 생활하다) |

---

**閉**

닫을 **폐**
획수:11획
부수:門

丨 冂 冂 冃 冃 冃 門 門 門 門 閉 閉

閉 閉 閉 閉 閉 閉

---

**片**

조각 **편**
획수:4획
부수:片
(제부수)

丿 丿 尸 片

片 片 片 片 片 片

---

**補**

기울 **보**
획수:12획
부수:衣

丶 亠 亇 衤 衤 衤 衤 裕 補 補 補

補 補 補 補 補 補

---

**暮**

저물 **모**
획수:14획
부수:日

一 十 艹 芇 芇 莒 莒 莒 菓 莫 莫 募 暮 暮

暮 暮 暮 暮 暮 暮

| 宝 | 訪 | 亡 | 忘 |
|---|---|---|---|
| 음:ホウ | 음:ホウ, ボウ | 음:ボウ, モウ | 음:ボウ |
| 훈:たから | 훈:たずねる, おとずれる | 훈:ない | 훈:わすれる |
| 国宝(コクホウ 국보)<br>宝(たから 보물, 보배) | 訪問(ホウモン 방문)<br>探訪(タンボウ 탐방)<br>訪ねる(たずねる 방문하다)<br>訪れる(おとずれる 방문하다) | 亡命(ボウメイ 망명)<br>亡者(モウジャ 망자)<br>亡き人(なきひと 고인, 죽은 사람) | 忘却(ボウキャク 망각)<br>忘れる(わすれる 잊다) |

| | | |
|---|---|---|
| **宝**<br>보배 **보**<br>획수:8획<br>부수:宀 | 丶丷宀宀宀宇宝宝　　　　　　　　　　　　　　　　　寶<br>宝　宝　宝　宝宝宝　　　 |

| | |
|---|---|
| **訪**<br>찾을 **방**<br>획수:11획<br>부수:言 | 一亠亍言言言言訂訪訪訪<br>訪　訪　訪　訪訪訪　　　 |

| | |
|---|---|
| **亡**<br>망할 **망**<br>획수:3획<br>부수:亠 | 丶亠亡<br>亡　亡　亡　亡亡亡　　　 |

| | |
|---|---|
| **忘**<br>잊을 **망**<br>획수:7획<br>부수:心 | 丶亠亡亡忘忘忘<br>忘　忘　忘　忘忘忘　　　 |

| 棒 | 枚 | 幕 | 密 |
|---|---|---|---|
| 음:ボウ | 음:マイ | 음:マク, バク | 음:ミツ, ミッ |
| 훈: | 훈: | 훈: | 훈: |
| 棒暗記(ボウアンキ 무턱대고 욈) | 枚数(マイスウ 매수) | 天幕(テンマク 천막)<br>幕府(バクフ 막부) | 密林(ミツリン 밀림)<br>密室(ミッシツ 밀실) |

**棒**
몽둥이 **봉**
획수:12획
부수:木

一 十 オ オ 栌 栌 栌 栟 柈 捧 棒 棒

棒 棒 棒 | 棒 棒 棒

**枚**
낱 **매**
획수:8획
부수:木

一 十 オ 木 朸 朾 杸 枚

枚 枚 枚 | 枚 枚 枚

**幕**
장막 **막**
획수:13획
부수:巾

一 十 艹 芦 芹 芦 苜 莫 莫 莫 莫 幕 幕

幕 幕 幕 | 幕 幕 幕

**密**
빽빽할 **밀**
획수:11획
부수:宀

丶 宀 宀 宓 宓 宓 宓 宓 密 密

密 密 密 | 密 密 密

| 盟 | 模 | 訳 | |
|---|---|---|---|
| 음:メイ | 음:モ, ボ | 음:ヤク | |
| 훈: | 훈: | 훈:わけ | |
| 同盟(ドウメイ 동맹) | 模型(モケイ 모형)<br>規模(キボ 규모) | 通訳(ツウヤク 통역)<br>訳(わけ 뜻, 이유) | |

| 盟<br><br>맹세할 **맹**<br>획수:13획<br>부수:皿 | l 冂 日 日 明 明 明 明 明 盟 盟 盟 盟 | | | | | | | | |
| | 盟 | 盟 | 盟 | 盟 | 盟 | 盟 | | | |

| 模<br><br>모호할 **모**<br>획수:14획<br>부수:木 | 一 十 才 木 村 村 栉 栉 栉 模 模 模 模 模 | | | | | | | | |
| | 模 | 模 | 模 | 模 | 模 | 模 | | | |

| 訳<br><br>번역할 **역**<br>획수:11획<br>부수:言 | ` 亠 亍 言 言 言 訂 訃 訶 訳 | | | | | | | | 譯 |
| | 訳 | 訳 | 訳 | 訳 | 訳 | 訳 | | | |

| | | | | | | | |
|---|---|---|---|---|---|---|---|
| | | | | | | | |
| | | | | | | | |

1. 閉校 _____

2. 片道 _____

3. 補欠 _____

4. 歳暮 _____

5. 国宝 _____

6. 訪問 _____

7. 亡命 _____

8. 忘却 _____

9. 棒暗記 _____

10. 枚数 _____

11. 天幕 _____

12. 密林 _____

13. 同盟 _____

14. 模型 _____

15. 通訳 _____

# Clip 05
# 초등학교 6학년 교육한자

▎초등학교 6학년 교육한자 13자의 音, 訓 학습
▎해당한자와 관련된 단어학습과 쓰기연습

郵 優 幼 欲 翌 乱 卵 覧 裏 律 臨 朗 論

▎초등학교 6학년 교육한자 13자의 音, 訓을 학습하여 이해할 수 있다.
▎해당한자와 관련된 단어학습과 쓰기연습을 통해 일본에서의 실생활에 활용할 수 있다.

| 郵 | 優 | 幼 | 欲 |
|---|---|---|---|
| 음:ユウ | 음:ユウ | 음:ヨウ | 음:ヨク |
| 훈: | 훈:やさしい, すぐれる | 훈:おさない | 훈:ほしい, ほっする |
| 郵便(ユウビン 우편) | 女優(ジョユウ 여배우)<br>優しい(やさしい 상냥하다)<br>優れる(すぐれる 뛰어나다) | 幼児(ヨウジ 유아)<br>幼い(おさない 어리다) | 欲望(ヨクボウ 욕망)<br>欲しい(ほしい 바라다)<br>欲する(ほっする 바라다) |

**郵** 우편 **우**
획수:11획
부수:阝

一 二 三 千 壬 壬 垂 垂 垂 郵 郵

**優** 우수할 **우**
획수:17획
부수:人

丿 亻 亻 仃 伫 倬 倬 俛 俛 傻 傻 傻 傻 傻 優 優

**幼** 어릴 **유**
획수:5획
부수:幺

く 幺 幺 幻 幼

**欲** 바랄 **욕**
획수:11획
부수:欠

丿 八 夕 父 父 谷 谷 谷 谷 欲 欲

| 翌 | 乱 | 卵 | 覧 |
|---|---|---|---|
| 음:ヨク | 음:ラン | 음:ラン | 음:ラン |
| 훈: | 훈:みだれる, みだす | 훈:たまご | 훈: |
| 翌日(ヨクジツ 다음 날) | 反乱(ハンラン 반란)<br>乱れる(みだれる 흐트러지다)<br>乱す(みだす 어지럽히다) | 産卵(サンラン 산란)<br>卵(たまご 계란, 알) | 回覧(カイラン 회람) |

**翌**
다음날 **익**
획수:11획
부수:羽

フ フ ヨ ヨフ ヨフ ヨヨ ヨヨ 翌 翌 翌 翌

翌 翌 翌 翌 翌 翌

**乱**
어지러울 **란**
획수:7획
부수:乚

一 二 千 千 舌 舌 乱　　　　　　乱

乱 乱 乱 乱 乱 乱

**卵**
알 **란**
획수:7획
부수:卩

一 亻 丆 丣 卯 卯 卵

卵 卵 卵 卵 卵 卵

**覧**
볼 **람**
획수:17획
부수:見

一 一 一 千 丬 丬 臣 臣 臤 臤 臤 臣又 臣又 臣又 臤見 覧 覧　　覽

覧 覧 覧 覧 覧 覧

| 裏 | 律 | 臨 | 朗 |
|---|---|---|---|
| 음:リ | 음:リツ, リチ | 음:リン | 음:ロウ |
| 훈:うら | 훈: | 훈:のぞむ | 훈:ほがらか |
| 裏面(リメン 이면)<br>裏(うら 속, 뒤) | 規律(キリツ 규율)<br>律儀(リチギ 의리가 두터움) | 臨時(リンジ 임시)<br>臨む(のぞむ 향하다, 대하다) | 朗読(ロウドク 낭독)<br>朗らか(ほがらか 명랑함, 쾌청함) |

## 裏
**속 리**
획수:13획
부수:衣

` 一 一 亠 亡 产 音 育 亩 軍 軍 軍 裏 裏 裏`

裏　裏　裏　裏　裏　裏

## 律
**법률 률**
획수:9획
부수:彳

`ノ ′ 彳 彳 彳 行 律 律 律`

律　律　律　律　律　律

## 臨
**임할 림**
획수:18획
부수:臣

`一 丁 Ｆ Ｆ 臣 臣 臣 臣 臣 臨 臨 臨 臨 臨 臨 臨`

臨　臨　臨　臨　臨　臨

## 朗
**밝을 랑**
획수:10획
부수:月

`′ ′ ′ ∃ 自 良 良 朗 朗 朗　　　　　　朗`

朗　朗　朗　朗　朗　朗

| 論 | | | |
|---|---|---|---|
| 음:ロン | | | |
| 훈: | | | |
| 言論(ゲンロン 언론) | | | |

| 論 | 一 二 三 言 言 言 言 診 診 診 診 論 論 論 | | | | | | |
|---|---|---|---|---|---|---|---|
| 논할 **론**<br>획수:15획<br>부수:言 | 論 | 論 | 論 | 論 | 論 | 論 | |


| | | | | | | | |
|---|---|---|---|---|---|---|---|
| | | | | | | | |

| | | | | | | | |
|---|---|---|---|---|---|---|---|
| | | | | | | | |

| | | | | | | | |
|---|---|---|---|---|---|---|---|
| | | | | | | | |

1. 郵便 _____

2. 女優 _____

3. 幼い _____

4. 欲望 _____

5. 翌日 _____

6. 乱れる _____

7. 産卵 _____

8. 回覧 _____

9. 裏面 _____

10. 律儀 _____

11. 臨む _____

12. 朗読 _____

13. 言論 _____

## 저 자 약 력

❚ 정 현 혁(鄭炫赫)

1993년 한국외국어대학교 일본어과 졸업
1995년 한국외국어대학교대학원 일어일문학과 졸업(문학석사)
2007년 와세다(早稲田)대학대학원 문학연구과 졸업(문학박사)

현 재  사이버한국외국어대학교 일본어학부 교수
일본어학(일본어사) 전공

논문 및 저서
「キリシタン版国字本の文字·表記に関する研究」
「吉利支丹心得書の仮名遣い―和語を中心に―」
「慶応義塾図書館蔵『狭衣の中将』の使用仮名」
『스마트 일본어』
『한국인이 틀리기 쉬운 일본어 발음』
『일본어학의 이해』
『일본어 첫걸음』
『미디어 일본어』
등 다수

## 일본어 한자 기초 1006자

| | |
|---|---|
| **초판 1쇄 발행** | 2018년 03월 02일 |
| **초판 2쇄 발행** | 2021년 02월 26일 |

| | |
|---|---|
| **저 자** | 정 현 혁 |
| **발 행 인** | 윤 석 현 |
| **발 행 처** | 제이앤씨 |
| **책임편집** | 최 인 노 |
| **등 록 번 호** | 제7-220호 |

| | |
|---|---|
| **우 편 주 소** | 서울시 도봉구 우이천로 353 성주빌딩 |
| **대 표 전 화** | 02) 992 / 3253 |
| **전 송** | 02) 991 / 1285 |
| **홈 페 이 지** | http://www.jncbms.co.kr |
| **전 자 우 편** | jncbook@hanmail.net |

ⓒ 정현혁 2021 Printed in KOREA.

ISBN 979-11-5917-096-6  13730          정가 26,000원